Jim Cymbala • Dean Merrill

Leidenschaftlicher Glaube

Jim Cymbala • Dean Merrill

Leidenschaftlicher Glaube

Titel der Originalausgabe: *Fresh Faith*

© 1999 by Jim Cymbala
Published by Zondervan Publishing House,
Grand Rapids, Michigan 49530, USA

© 2001 der deutschen Ausgabe
by Gerth Medien GmbH, Asslar
1. Auflage 2001

ISBN 3-89490-355-4

Auf der Grundlage der neuen Rechtschreibregeln.

Die Bibelstellen wurden, wenn nicht anders angegeben,
der »Gute Nachricht Bibel« entnommen.

Übersetzung: Antje Balters
Umschlaggestaltung: Michael Wenserit
Umschlagfoto: Image Bank
Satz: Nicole Schol, Projektion J Verlag
Druck und Verarbeitung: Schönbach-Druck, Erzhausen

Nachdruck, auch auszugsweise, nur mit Genehmigung des Verlages.

Inhalt

Teil I
Etwas fehlt

Kapitel 1
Gestohlenes Eigentum 9

Kapitel 2
Amalias Geschichte 22

Kapitel 3
Die Frage, die niemand stellt 36

Teil II
Hindernisse überwinden

Kapitel 4
Frei von einer schmerzlichen Vergangenheit 51

Kapitel 5
Kann ich mich darauf verlassen, dass Gott mich führt? 63

Kapitel 6
Cleverness hat ihren Preis 79

Kapitel 7
Gottes Zeitplanung 89

Kapitel 8
Mutlosigkeit und Entmutigung überwinden 104

Kapitel 9
Gnade, die größer ist als alles 118

Teil III
Auf Gottes Weg gehen

Kapitel 10
Vater der Gläubigen 137

Kapitel 11
Gottes tief greifendes Wirken 150

Kapitel 12
Hinzufügen durch Wegnehmen 164

Kapitel 13
Die Atmosphäre des Glaubens 175

Epilog
33 Schätze 195

Teil I

Etwas fehlt

Kapitel 1

Gestohlenes Eigentum

Ich lebe in einer Stadt, in der ständig alles Mögliche gestohlen wird. An der Flatbush Avenue, wo sich die Gebäude unserer Gemeinde befinden, sind Autodiebstähle an der Tagesordnung. Dasselbe gilt für Raubüberfälle auf offener Straße, Handtaschenraub und Wohnungseinbrüche.

Bei einem Sonntagabendgottesdienst machte ich einmal den Fehler, all diejenigen aufzufordern, den Finger zu heben, die schon einmal bestohlen oder überfallen worden waren. Die Gemeinde brach in schallendes Gelächter aus, als sich etwa 98 % der Anwesenden meldeten. Wie kann man nur mitten in New York eine so blöde Frage stellen!

Meine Frau Carol und ich leben im Stadtteil Queens, östlich vom *La Guardia*-Flughafen und dem Shea-Stadion, in dem die *New York Mets* Football spielen. Als ich vor ein paar Jahren eines Morgens aus dem Haus kam und zu meinem Wagen ging, der am Straßenrand geparkt war, stellte ich fest, dass er in der Nacht aufgebrochen worden war. In dem Augenblick, als ich die Autotür öffnete, entdeckte ich das riesige Loch in der Mitte des Lenkrads, wo einmal der Airbag gewesen war.

Cracksüchtige stehlen mit Vorliebe Airbags, da diese sich leicht und schnell verkaufen lassen. Und weil sie bei Ersatzteilhändlern begehrte Ware sind, bekommen die Diebe dafür 200 Dollar bar auf die Hand.

Ich stöhnte leise auf, als ich den Verlust des Airbags bemerkte. Der Sachbearbeiter meiner Versicherung, den ich umgehend informierte, nahm das Ganze ausgesprochen gelassen.

„Na ja, das ist eben New York", sagte er, „das passiert andauernd."

Meine Frau und ich erledigten den Papierkram und bestellten beim Händler einen neuen Airbag. Ich fragte meinen Sachbearbeiter lieber nicht, wie sich ein weiterer Vorfall dieser Art auf meine Versicherungsbeiträge auswirken würde, denn eigentlich wollte ich das auch gar nicht wissen.

Es vergingen ein paar Monate, bis ich Zeit hatte, den neuen Airbag in mein Auto einbauen zu lassen, aber schließlich war der Schaden behoben.

Und als hätte ich es geahnt, wurde mein Wagen drei Wochen später erneut aufgebrochen! Auf demselben Parkplatz direkt vor meiner Haustür, durch dasselbe Fenster. Und ich bin fast sicher, dass es auch derselbe Dieb war.

Diesmal machte ich mir nicht einmal mehr die Mühe, den Schaden meiner Versicherung zu melden. Ich bezahlte die 800 Dollar für einen neuen Airbag aus eigener Tasche, statt eine saftige Beitragserhöhung bei meiner Versicherung zu riskieren.

Irgendwie gelang es mir sogar, Witze über diesen Vorfall zu reißen: „Vielleicht sollte ich auf dem Fahrersitz Kaffee und Kuchen deponieren … mit einem Zettel dabei, auf dem steht: ‚Hallo, lass uns doch Freunde sein! Wenn ich dir andere Sachen zur Verfügung stelle, die du verkaufen kannst, dann brauchst du wenigstens nicht alle paar Monate mein Auto zu knacken.'"

Mehr als Ware

Glücklicherweise lassen sich Airbags ersetzen. So nervig es auch ist, den Schaden zu beheben, und so sauer man auch über den Verlust ist, irgendwann ist wieder alles beim Alten, und das Leben geht einfach weiter. Ein Jahr später erinnert man sich vielleicht kaum noch an den Vorfall.

Im geistlichen Bereich vieler Menschen findet aber eine sehr viel schwer wiegendere Art von Raub und Diebstahl statt, die auch sehr viel nachhaltigere Auswirkungen hat. Der Teufel ist extrem rührig, wenn es darum geht, Dinge zu rauben, die sehr viel wichtiger sind als Airbags. Das liegt in seinem Wesen. Jesus beschrieb es mit den folgenden Worten: „Der Dieb kommt, um zu *stehlen*, zu schlachten und zu vernichten" (Joh 10,10).

Der Teufel will ganz offensichtlich nicht Ihr Haus, denn er lebt nicht in einem Haus. Er braucht auch Ihr Fahrzeug nicht, denn er hat andere Transportmöglichkeiten. Ihm liegt ebenfalls nichts an Ihren Klamotten, denn er ist ein Geistwesen. Ihre Investitionen interessieren ihn nicht, denn was bedeutet ihm schon Geld?

> Im geistlichen Bereich geschieht auch eine Art von Diebstahl. Satan hat nichts anderes im Sinn, als uns zu „berauben".

Er hat jedoch allergrößtes Interesse daran, *geistliche Schätze* zu stehlen – Dinge, die vor Gott Wert haben und von ewiger Bedeutung sind. Nehmen wir als Beispiel dafür einfach den Sinn des Lebens. Der Teufel liebt es, sich Männer und Frauen auf der Straße meiner und auch Ihrer Stadt zu schnappen – Menschen, in denen wirklich etwas steckt, Menschen mit vielen großartigen Möglichkeiten – und sie in vor sich hin vegetierende, ziellose Gestalten zu verwandeln, die im Bett liegen, an die Decke starren und sich fragen: „Was soll das eigentlich alles? Hat das Leben nicht mehr zu bieten als Geld verdienen und Kinder bekommen? Wozu das alles eigentlich?"

Menschen geraten an Drogen und Alkohol, weil sie nicht wissen, warum sie leben. Andere stecken all ihre Energie in die Karriere oder in Vergnügungen, in Materielles … in alles Mögliche – Hauptsache, es füllt diese Leere aus, die sie in ihrem Inneren verspüren. Aber leider funktioniert das nicht. Gott hat die Menschen nämlich dazu geschaffen, ihn in alle Ewigkeit anzubeten und Freude an ihm zu haben. Diese Tatsache ist solchen Menschen jedoch aus dem Bewusstsein „gestohlen" worden.

Achten Sie einmal auf die Steigerung der eben zitierten Bibelstelle aus dem Johannes-Evangelium, Kapitel 10, Vers 10. Der erste Schritt des Teufels ist einfacher Diebstahl. Wenn er dabei Erfolg hat, geht er über zum Töten und von da aus dann weiter zur Massenvernichtung: „stehlen … schlachten … vernichten". Immer aber steht das Stehlen am Anfang.

Was ist bloß aus der „ersten Liebe" geworden?

Diese Diebstahlstrategie funktioniert jedoch nicht nur unter Nichtchristen, auch unter Christen wendet sie der Widersacher an. Als Pastor habe ich beispielsweise im Laufe der Jahre immer wieder den tragischen Verlust dieser „ersten Liebe" für Jesus miterlebt. Es hat in unserem Leben eine Zeit gegeben, in der wir Jesus sehr geliebt haben; mehr als heute. Unser Hunger nach dem Wort Gottes war geradezu unersättlich. Unsere Liebe zur Gemeinde war mit Begeisterung gepaart. Unser Eifer, das Evangelium weiterzusagen, war ungebremst ... und wie sieht es jetzt damit aus? Na ja, wir lieben Jesus immer noch. Wir gehen immer noch zur Kirche und nehmen an Gemeindeveranstaltungen teil, aber wo sind nur die Begeisterung, der Schwung und die Leidenschaft geblieben?

Das war auch das Problem, mit dem die Gemeinde von Ephesus konfrontiert war und das im Buch der Offenbarung, Kapitel 2, Verse 2–5 beschrieben wird: „Ich weiß von allem Guten, das ihr tut, und ich kenne euren Einsatz und eure Ausdauer [...]. Aber etwas habe ich an euch auszusetzen: Eure Liebe ist nicht mehr so wie am Anfang. Denkt darüber nach, von welcher Höhe ihr herabgestürzt seid! Kehrt um und handelt wieder so wie zu Beginn! Wenn ihr euch nicht ändert, werde ich zu euch kommen und euren Leuchter von seinem Platz stoßen."

Wo bleibt diese „erste Liebe"? Unser Eifer und unser Elan lösen sich nicht einfach in Luft auf, sondern der Teufel stiehlt den glühenden Funken unserer Hingabe. Wir werden regelrecht ausgeraubt.

> Die Bibel kennt keinen Rentenplan. Gott kann dafür sorgen, dass seine Leute für ihn und seine Sache Feuer und Flamme sind und bleiben.

Vielleicht sagt jetzt jemand: „Na ja, schließlich war ich damals jung und voller Power, als ich Jesus kennen lernte. Seitdem hat sich vieles verändert. Jeder weiß doch, dass man mit der Zeit den Schwung verliert." Glaubt das wirklich jemand? In der Bibel steht, was Gottes Plan für uns ist, nämlich „... daß wir verklärt werden in sein Bild *von einer*

Herrlichkeit zur andern von dem Herrn, der der Geist ist" (2 Kor 3,18). Die Macht, die er in unserem Leben sichtbar werden lassen will, ist grenzenlos. Die Bibel kennt keinen Rentenplan. Gott kann dafür sorgen, dass seine Leute weiter für ihn und seine Sache Feuer und Flamme sind und bleiben. Wir sollten ehrlich eingestehen, was wirklich passiert ist. Es ist sinnlos, uns selbst etwas vorzumachen: Wir sind vom gerissensten aller Diebe ausgeraubt worden.

Verblasste Berufung

Und wie sieht es mit der einzigartigen, auf den Einzelnen individuell zugeschnittenen *Berufung* aus, die es für jeden Christen gibt – die spezielle Begabung, um anderen im Namen Gottes zu dienen? Vor zehn Jahren gab es noch eine konstruktive und produktive Unruhe in Ihnen; Gott legte einen Traum in Sie hinein, was Sie aus Ihrem Leben einmal machen wollten. Vielleicht wollte er, dass Sie Kinder unterrichten. Oder es war sein Wunsch, dass Sie singen. Vielleicht hatte er Sie dazu erschaffen, ein Fürbitter zu werden, der sich für die Nöte der Menschen einsetzt. Vielleicht fühlten Sie sich durch die Einwirkung des Heiligen Geistes sogar ein wenig in die Mission gezogen.

Aber dann ... wurden Sie mutlos. Jemand ließ Sie im Stich. Irgendetwas lief in Ihrer Gemeinde schief. Sie versuchten es einmal oder zweimal, aber irgendjemand kritisierte Sie, und schon bald war der Traum aus, und die Berufung war gar nicht mehr so real. All der Anreiz, den Sie einmal verspürt hatten, fehlte jetzt.

Manchmal begegne ich Pastoren, die sich in diesem Zustand befinden – und nur noch die leere Hülle ihres einstigen Selbst sind. Alle Energie ist weg, sie erledigen ihre Pflichten nur noch mechanisch. Man neigt vielleicht zu der Vorstellung, dass es dazu in erster Linie durch ständige Entmutigung kommt, mit der Geistliche konfrontiert sind, und durch ihre übervollen Terminkalender, die irgendwann unweigerlich zum Burn-out führen. Aber in Wirklichkeit sind das nur zwei Methoden des Satans, sich an die Hirten der Herde Gottes heranzumachen. Er verfügt jedoch noch über viele weitere Methoden.

Vor Jahren traf ich einen Mann, dessen wirklich ernsthaftes Anliegen es war, in einer Großstadt eine Gemeinde aufzubauen. Es war offensichtlich, dass sein Dienst unter dem Segen Gottes stand. Die Gemeinde blühte auf.

Ein paar Jahre später war ich zufällig in einem seiner Gottesdienste und merkte, dass sich irgendetwas verändert hatte. Der Pastor war irgendwie zu der Überzeugung gelangt, dass *er* etwas ganz Besonderes sei. Nicht mehr Jesus Christus stand im Mittelpunkt, sondern seine Person selbst. Die Tragik lag darin, dass der Bote größer geworden war als die Botschaft.

Nach dem Gottesdienst plauderten wir noch ein wenig, und er fragte mich ganz konkret und direkt, in welche Richtung sich die Gemeinde meiner Meinung nach entwickle. Ich ermutigte ihn, so gut ich konnte, sagte aber abschließend auch: „Denken Sie bitte daran, sich selbst nicht zu wichtig zu nehmen. Es geht hier um den Geist Gottes, der im Leben von Menschen wirkt, um sie näher zu Jesus zu ziehen. Unser Auftrag ist es, ihnen zu dienen. Wir sollen treu das Wort predigen und dann in den Hintergrund treten, damit Gott Lob und alle Ehre bekommt."

Von dieser letzten Bemerkung schien er nicht sonderlich begeistert. Sein Ruhm war ihm scheinbar zu Kopf gestiegen, und schon bald trat an die Stelle schlichter Einfachheit und eines kindlichen Glaubens, von denen seine früheren Bemühungen für Gott gekennzeichnet gewesen waren, eine glatte, affektierte Extravaganz, die für die Sache Jesu außerordentlich zerstörerisch war. Mit der wirkungsvollen Predigt und der geistlichen Frucht des Mannes war es schon bald vorbei.

Was glauben Sie, wohin all das Positive verschwunden ist und was mit Menschen wie den oben beschriebenen passiert ist? Ihnen wurde unterwegs etwas sehr Kostbares gestohlen.

Der Teufel versucht immer, uns etwas zu rauben, womit Gott uns gesegnet hat. Wenn er Erfolg hat, scheinen die Geistesgaben schwächer zu werden und irgendwann vollständig zu erlöschen, und wir sind stattdessen 24 Stunden am Tag mit anderen Dingen beschäftigt.

Wohnungseinbrüche

Betrachten wir als Beispiel dafür einmal das Thema „Ehe". Die letzten Umfragen des Meinungsforschers George Barna haben ergeben, dass die Scheidungsrate unter Christen genauso hoch ist wie in der Gesamtbevölkerung. Wenn ich Atheist oder Agnostiker wäre, würde ich sagen: „Wieso kann denn Jesus nicht dafür sorgen, dass ihr beide zusammenbleibt? Ihr habt doch immer gesagt, wie toll und wunderbar er ist ..."

Warum trennen sich christliche Paare? Vielleicht, weil sie gar nicht erst hätten heiraten sollen? Oder weil sie aus zerrütteten Familien stammen und schlechte Vorbilder hatten? Das sind längst nicht alle Gründe. *Der Dieb kommt, um zu stehlen ...*

> Die Scheidungsrate unter Christen ist genauso hoch wie in der Gesamtbevölkerung. Wenn ich Atheist wäre, würde ich sagen: „Wieso kann denn Gott nicht dafür sorgen, dass ihr beide zusammenbleibt?"

Tatsache ist, dass der Widersacher die erklärte Absicht hat, auch meine Ehe mit Carol zu zerstören, obwohl wir jetzt schon seit über 25 Jahren gemeinsam im Dienst stehen. Das ist die Realität des geistlichen Kampfes. Nur die Macht Christi kann uns beide zusammenhalten, so wie Gott es vorgesehen hat, und uns zum Sieg über die zerstörerische Macht des Teufels verhelfen. Kein ehrlicher Geistlicher wird leugnen, dass der Widersacher bereits heftige Angriffe gegen seine Ehe gestartet hat. Darüber wird in der Regel nicht öffentlich geredet, aber von Dienern Gottes werden viele Tränen vergossen und Gebete an Gott gerichtet, die gegen die dämonischen Kräfte kämpfen, die darauf angesetzt sind, ihnen ihre Ehe, ihre Glaubwürdigkeit und ihre Wirksamkeit zu rauben.

Und was ist mit *unseren Kindern und unseren Enkeln?* Diese sind irgendwann anlässlich ihrer Taufe Gott geweiht worden. Wir haben vor dem Pastor gestanden und in vollem Ernst gesagt: „Herr, dieses Kind soll dir gehören." Aber im Laufe der Jahre ist dann irgendetwas passiert. Der junge Mann oder die junge Frau lebt nicht mit und für Gott – und es nützt auch nichts, sich da etwas vorzumachen.

Bevor wir erleben, dass Gott tut, was nur er allein tun kann, sollten wir geistlich genau diagnostizieren, was um uns herum geschieht.

Christen, die authentisch leben wollen, dürfen die Realität nicht verleugnen.

Und das Wichtigste: Wo ist der Glaube geblieben?

Und der Kern all der Verluste, die ich jetzt erwähnt habe, ist der stillschweigende Diebstahl des allerwichtigsten Elementes auf unserem geistlichen Weg: unseres *Glaubens*. Was ist Glaube überhaupt? *Er ist die völlige Abhängigkeit von Gott, die übernatürliche Auswirkungen hat.* Menschen, die Glauben haben, entwickeln eine neue Perspektive. Sie sehen mehr als die unmittelbaren Umstände; sie sehen Gott direkt neben sich. Das können sie zwar nicht beweisen, aber durch den Glauben wissen sie, dass er trotzdem da ist. Ohne Glauben, so heißt es im Hebräer-Brief, Kapitel 11, Vers 6, ist es *unmöglich*, Gott zu gefallen. Wenn kein Glaube vorhanden ist, zählt alles andere auch nichts. Es gibt für das Leben eines Christen kein anderes Fundament, keine andere Grundlage, egal, wie viel Mühe dieser sich gibt oder wie viel Kraft er einsetzt. Nichts berührt das Herz des Vaters so sehr wie Kinder, die ihm von ganzem Herzen vertrauen.

Ich begegne immer wieder Menschen, die wirklich für alles und jedes gebetet haben! Selbst wenn sie ihre Brille verlegt hatten, beteten sie darum, sie wiederzufinden – und erstaunlicherweise tauchte die Brille dann auch wieder auf. Dieselben Menschen können aber nach einer Weile offenbar oft nicht länger glauben, dass Gott wirklich *alles* kann.

Natürlich legen sie das Standardbekenntnis ihres Glaubens ab, das da lautet: „Ja, ich glaube an den Gott, der Gebete erhört." Aber dieses lebendige Vertrauen und diese konkrete Erwartungshaltung gibt es nicht mehr. Dieselben Leute sagen jetzt: „Ach, komm schon – lass uns dieses Problem mit Gottes Hilfe selbst anpacken." Etwas wurde ihnen gestohlen.

Am Ende des 1. Buches Samuel gibt es eine düstere Geschichte, in der dieses Thema in anschaulichen Einzelheiten durchbuchstabiert wird. Es ist einer der Tiefpunkte im Berg-und-Tal-Bahn-Leben von David. Der junge Mann, der einst den Riesen Goliath besiegt hat, ist jetzt auf der Flucht vor König Saul. So viele Drohungen, so viele Beinahe-Begegnungen … er lebt sogar ein Jahr lang unter den Philistern, denn in Israel gehen ihm langsam die Orte aus, an denen er sich verstecken kann.

David hat seine eigene kleine Miliz von 600 Mann plus Frauen und Kinder um sich gesammelt und gemeinsam mit all diesen Menschen einen Ort namens Ziklag errichtet. Als die Philister beschließen, gegen Israel Krieg zu führen, gerät David richtig in die Klemme. Er ist ein Kämpfer, na klar, ein Krieger, also schlägt er sich auf die Seite von König Achisch. Als aber die Generäle der Philister ihn dort entdecken, sagen sie zu ihrem König: „Was hat denn der hier zu suchen?"

„Wieso? Wie meint ihr das?"

„Das ist doch der berühmte Schwiegersohn von König Saul, oder? Der zieht auf gar keinen Fall mit uns in den Kampf."

Achisch versucht, Davids Loyalität zu verteidigen, allerdings ohne Erfolg. Der General sagt: „Kennst du denn nicht das Lied, das sie in ganz Israel gesungen haben? ‚Saul hat Tausend geschlagen, David aber Zehntausend' – und unter diesen Zehntausend waren etliche von uns! Der zieht ganz bestimmt nicht mit uns in den Kampf."

Also werden David und seine Miliz wieder nach Hause geschickt.

Als sie sich Ziklag nähern, sehen sie Rauch am Horizont. Sie reiten schneller – und entdecken schon bald das Entsetzliche: „Jede Ehefrau, jeder Sohn, jede Tochter, jede Kuh und jedes Lamm ist weg. Jemand hat einen geheimen Raubzug veranstaltet, die Stadt niedergebrannt und alles geraubt.

All die Väter und Ehemänner sind völlig konsterniert, als sie die Verwüstung vor sich sehen. Ihnen bricht das Herz. Stellen Sie sich nur vor, wie sie an ihre Frauen und Töchter denken, die von marodierenden Brandschatzern entführt werden. „Meine wunderbare Frau ist weg! Was werden die wohl mit meiner vierzehnjährigen Tochter machen?" Sie können sich die rücksichtslose Brutalität und Kaltblütigkeit der Brandschatzer ausmalen. Sie fangen so sehr an zu weinen, dass sie irgendwann keine Tränen mehr haben. Sie sind fertig, einfach am Ende.

Auch Davids Familie ist weg. Alles ist verloren.

In einem solchen Augenblick menschlichen Kummers und Elends kommen auch andere Gefühle ins Spiel. Wut und Groll wallen auf.

Wenn Menschen mit dem Schmerz des Augenblicks nicht fertig werden, wenden sie sich oft gegen diejenigen, die Autorität und Macht haben. Sie können den Schmerz nicht aushalten und schlagen deshalb um sich. Davids Männer sagen: „Was machen wir überhaupt hier draußen? Wessen glorreiche Idee war es denn, sich dem Heer der Philister anzuschließen? Wir hätten lieber bei unseren Familien bleiben und auf sie aufpassen sollen. Los, lasst uns dafür David steinigen!"

Und dann kommt dieser wundervolle Satz in 1. Samuel, Kapitel 30, Vers 6: „Das Vertrauen auf den Herrn gab ihm wieder Mut und Kraft." Als er den Boden unter den Füßen verlor, muss David sich einen stillen Ort gesucht und gebetet haben, um sich vor Gott zu sammeln.

Egal, wie tief man stürzt, egal, was um einen herum alles zusammenbricht, egal, von wem man abgelehnt oder verleumdet wird – Gott kann uns wieder Mut machen. Er hilft uns durch die Schwierigkeiten hindurch. Er stärkt uns in unserem tiefsten Inneren, dort, wo niemand sonst Zugang hat.

Als David seine Fassung wiedergefunden und sein geistliches Gleichgewicht zurückgewonnen hat, geht er zum Priester, um mit Gott darüber zu beraten, was er als Nächstes tun soll. Immer, wenn David mit dem Herrn im Reinen war, handelte er nicht spontan und intuitiv, sondern fragte ihn erst um Rat. Und daran sollte sich jeder ein Beispiel nehmen, der/die in Bezug auf die nächsten Schritte keine Klarheit hat.

„Soll ich hinter denen, die unsere Stadt geplündert haben, herjagen? Wenn ja, was soll ich mit ihnen machen, wenn ich sie finde?", fragt er. Eine sehr weise Frage. (Stellen Sie sich nur einmal vor, wie viel Schreckliches sich vermeiden ließe, wenn wir uns an David ein Beispiel nehmen würden!)

Gott antwortet: „Ja, verfolge sie! Du wirst sie einholen."

Also machen sich alle auf den Weg. Unterwegs treffen sie in der Wüste auf einen halb bewusstlosen ägyptischen Sklaven. Nachdem sie ihn mit kühlem Wasser wiederbelebt haben, gibt ihnen der Mann eine entscheidende Information. „Ich war bei den Amalekitern und wir haben die ganze Gegend geplündert. Wir haben Ziklag niedergebrannt – aber dann bin ich krank geworden."

„Und wie wäre es, wenn du uns jetzt hilfst, als Gegenleistung dafür, dass wir dich am Leben lassen?!"

Das muss sich der Mann natürlich nicht zweimal überlegen. Er ist bereit, David und seine Armee zu führen, und sie machen sich wieder auf den Weg. Bald kommen sie an einen Hügelkamm, von wo aus sie unter sich die Amalekiter sehen können, die dort ein wildes Trinkgelage abhalten, mit allen üblichen Ausschweifungen.

Und im Namen des Herrn führt David seine Männer dort hinunter in den Kampf. Volle 24 Stunden lang kämpfen sie – die ganze Nacht und den ganzen folgenden Tag hindurch – und fügen den Amalekitern eine schwere Niederlage zu.

Glorreiche Heimkehr

Das war der Tag, an dem David herausfand, dass Gott mehr ist als ein Schöpfer. Er ist mehr als ein Streiter. Er ist mehr als ein Fels und ein starker Turm, wie David ihn in einem seiner Psalmen nennt. Gott ist mehr als ein Beschützer vor König Saul, wenn man sich versteckt. David erfährt hier die machtvolle Wahrheit, *dass Gott gestohlenen, geraubten Besitz zurückerstattet*. Es gehört zu seinem Wesen, das zu erstatten, was uns geraubt wurde. Was der Feind geraubt hat, kann nur Gott allein ersetzen.

Und jetzt kommt das Beste von allem: David entdeckt, dass jede Frau, jeder Sohn und jede Tochter am Leben ist! Erstaunlich! Nicht ein einziges Lamm fehlt. Hören Sie einmal, wie in der Bibel diese Szene dargestellt wird. Es heißt dort:

„Er zeigte ihnen den Weg und sie fanden die Amalekiter in Gruppen über die ganze Gegend zerstreut. Sie aßen und tranken und feierten ausgelassen, weil sie bei den Philistern und in Juda so reiche Beute gemacht hatten. David überfiel sie am nächsten Morgen, als es eben hell wurde, und der Kampf dauerte bis zum Abend. Alle Feinde wurden niedergemacht, nur 400 junge Männer konnten auf Kamelen fliehen. David befreite alle Gefangenen und auch seine beiden Frauen. Niemand wurde vermißt; seine Männer bekamen alle ihre Kinder gesund wieder. Auch alles, was die Amalekiter erbeutet hatten, wurde zurückerobert. Die Schafe, Ziegen und Rinder der Amalekiter nahm David für sich; man trieb sie vor dem anderen Vieh her und sagte: ‚Das ist Davids Beute'" (1 Sam 30,16–20).

Was für ein Sieg! Außer all seinem Besitz, den er zurückerobert, erbeuten David und seine Armee eine beeindruckende Menge amalekitischer Güter, sodass am Ende sogar ein *Überschuss* herauskommt, als sie nach Ziklag zurückziehen. Sie rufen: „Seht her, was Gott uns gegeben hat!" Sie bringen mehr mit zurück, als sie verloren haben.

Warum erzähle ich Ihnen eigentlich diese düstere Geschichte aus dem Alten Testament? Ich möchte daran Folgendes deutlich machen: David und seine Männer kamen an den Punkt, an dem sie beschlossen, *aufzustehen und sich mit Gottes Hilfe den gestohlenen Besitz zurückzuholen.*

Auch für Sie und für mich muss der Augenblick kommen, an dem wir sagen: „Moment mal – soll ich weiter einfach nur dasitzen und in Selbstmitleid baden? Im Namen des Herrn fordere ich meine Tochter, meinen Sohn oder mein Enkelkind zurück. Im Namen des Herrn werde ich meine Berufung, meine Möglichkeiten im Leben *nicht* einfach aufgeben. Satan, du wirst mir meinen Besitz wieder herausgeben! Ich widerstehe dir im Namen Jesu Christi, meines Herrn!"

Denken Sie daran, dass wir nicht gegen Fleisch und Blut kämpfen. Wir haben es hier mit geistlicher Kampfführung zu tun. In Ihrem und meinem Leben muss es jetzt zu Beginn des 21. Jahrhunderts jemanden geben, der aufsteht und um das gestohlene Eigentum kämpft, und zwar mit den Waffen des Glaubens und des Gebets. Sie müssen zum Teufel sagen: „Es reicht! Ich werde es machen wie David, der sich hinter seinem gestohlenen Gut hermacht." Steigen Sie auf Ihr Pferd!

Unser Feind, der Teufel, kennt kein Mitgefühl. Wenn Sie ihm nicht widerstehen, wird er Sie einmal in der Woche ausrauben, und zwar das ganze Jahr hindurch. Das ist sein teuflisches Werk. Aber Jesus ist gekommen, damit wir echtes Leben haben – und das in vollem Genüge, in Fülle. Er kann Ihre Ehe ganz neu beleben. Er kann Ihre Seele wieder neu entzünden. Ihre geistliche Berufung kann ganz neu erblühen.

Sie können den Glauben zurückerlangen, den Ihnen der Teufel gestohlen hat. Und damit meine ich nicht, dass Sie nur innerlich den biblischen Wahrheiten zustimmen, die Sie immer wieder gehört haben, sondern ich meine einen lebendigen, von Herzen kommenden, tief verankerten Glauben und ein kindliches Vertrauen auf den auferstandenen, übernatürlichen Christus – die Art von Glauben, die Ihren Lebensstil verändert, Ihr Reden und Fühlen.

> Jetzt zu Beginn des 21. Jahrhunderts muss jemand einschreiten und mit den Waffen des Glaubens und des Gebets um das geraubte Eigentum kämpfen.

Das oberste Ziel des Teufels ist es, uns genau das wegzuschnappen, denn er weiß: „Der Gerechte wird aus Glauben leben" (Röm 1,17) und: „Ohne Glauben ist es unmöglich, Gott zu gefallen" (Hebr 11,6). Der Widersacher weiß, dass unsere lebenswichtige Verbindung zur Gnade und Macht Gottes ein echter Glaube ist. Wenn er diese *Glaubensverbindung* lockern kann, hat er einen ungeheuren Sieg errungen. Er weiß, dass ohne einen lebendigen Glauben das Gebet als entscheidende Kraft in unserem Leben erlischt. Schon bald vollziehen wir dann mechanisch die äußeren Formen des Glaubens, erleben aber nichts mehr von der Macht Gottes.

Doch Gott kann unseren Glauben erneuern und wieder beleben, wenn wir ihn darum bitten. Er macht den Glauben in uns durch sein Wort lebendig, wie es im Römer-Brief, Kapitel 10, Vers 17 heißt: „Der Glaube kommt allein aus dem Hören der Botschaft; die Botschaft aber gibt uns Christus." Bei Gott ist nichts unmöglich. Ja, Sie werden erleben, dass Gott genau wie im Beispiel von David sogar mehr ersetzt, als Sie verloren haben. Das verspricht die Bibel, wenn es heißt: „Wir werden […] triumphieren, weil Christus uns so geliebt hat" (Röm 8,37). Die einzige Frage ist: Glauben Sie und ich wirklich, dass Gott das Eigentum ersetzt, das uns geraubt wurde? Oder sind wir der Meinung, dass unser Verfall für ihn schon zu weit fortgeschritten ist?

Ich möchte Ihnen die Geschichte einer Frau namens Amalia erzählen, die eine der erstaunlichsten Wiederherstellungen erlebte, die ich jemals miterlebt habe. Wie schlimm Sie in Ihrem persönlichen Leben auch ausgeplündert worden sind, wahrscheinlich reicht das bei weitem nicht an die traumatischen Erfahrungen dieser Frau heran. Aber das, was sie erlebt hat, zeigt auch, dass die Macht Gottes alles auf den Kopf stellen kann.

Kapitel 2

Amalias Geschichte

„Seit zwei Wochen kommt eine Frau in die Gemeinde, die unbedingt mit dir reden will", sagte Pastor Carlo Boekstaaf, mein langjähriger Ko-Pastor, eines Nachmittags in meinem Büro zu mir.

„Ich hoffe, es ist dir recht, dass ich ihr für heute Abend um 18.00 Uhr vor der Gebetsversammlung einen Termin gegeben habe. Ich weiß ein wenig über sie und ihre Geschichte ist wirklich unglaublich. Aber Gott hat mit Sicherheit schon angefangen, in ihrem Leben zu wirken."

Ich hatte mein gesamtes Leben in New York City verbracht und war bereits seit einigen Jahren Pastor in dieser Stadt, deshalb war ich eigentlich der Meinung, dass ich nicht leicht zu schockieren war. Ich muss jedoch gestehen, dass mir bei dem, was ich an jenem Abend erfuhr, streckenweise der Atem stockte. Eine ausgesprochen herb wirkende, aber attraktive junge Frau betrat mein Büro. Eine merkwürdige Mischung von Signalen ging von ihr aus; es war zwar offensichtlich, dass sie sich im „Milieu" auskannte und dort verkehrte, aber trotz ihrer aufreizenden Kleidung und des stark geschminkten Gesichtes hatte sie etwas Verletzliches und außerordentlich Kummervolles.

„Hallo, Amalia", sagte ich leise und bedeutete ihr mit einer Geste, Platz zu nehmen. „Ich bin Pastor Cymbala. Mir wurde gesagt, dass Sie gern mit mir reden möchten."

Sie nickte, setzte sich und zupfte nervös an ihrem Rocksaum.

„Erzählen Sie doch ein bisschen von sich. Was kann ich für Sie tun?"

Mit leiser, verhuschter Stimme breitete sie im Laufe der nächsten Stunde ihre erstaunliche, schreckliche Geschichte vor mir aus:

„Aufgewachsen bin ich in den Smith Projects an der Lower East Side.[1] Ich war das dritte von sieben Kindern, die eingepfercht in einem Apartment im 16. Stockwerk lebten. Mein Vater war Hilfsarbeiter in der Großküche eines der großen Hotels in Manhattan; er und meine Mutter waren beide aus Puerto Rico eingewandert.

Es gibt eine Sache an meinem Zuhause, an die ich mich besonders gut erinnere: die schier endlosen Streitereien zwischen meinen Eltern. Mein Vater war Alkoholiker und machte uns das Leben schwer. Er hatte einen Stock, den er wie ein Verrückter völlig willkürlich einsetzte, wenn ihm jemand im Weg war oder er sich über irgendetwas geärgert hatte. Ich kann mich nicht erinnern, dass die Familie jemals zu einer Mahlzeit vollzählig versammelt war. Ich fühlte mich in meiner Kindheit und Jugend ständig irgendwie verwirrt; und ich versuchte eigentlich hauptsächlich, mich möglichst aus allem herauszuhalten und keine Probleme zu machen.

Meine Eltern stritten oft über Geld, denn offenbar gab mein Vater meiner Mutter nie genug, dass sie für uns Kinder Nahrungsmittel und Kleider kaufen konnte. Hin und wieder bekamen wir Unterstützung von einer katholischen Hilfsorganisation. Auch wenn nie genug Geld für das Allernötigste da war, reichte es doch immer für Alkohol, wodurch natürlich jeder Streit noch schlimmer wurde. Wenn ich sah, wie mein Vater meine Mutter schlug oder sie herumschubste, rannte ich einfach in mein Zimmer und schäumte innerlich vor Wut.

Ich war wohl ungefähr neun Jahre alt, als ich zum ersten Mal aufbegehrte. Eines Abends sagte ich mitten in das Geschrei hinein zu ihm: ‚Wenn du meiner Mutter weh tust, bringe ich dich um!' Natürlich hatte ich keine Ahnung, wie ich das hätte anstellen sollen; ich war einfach nur schrecklich wütend auf ihn.

Dann sagte ich zu meiner Mutter: ‚Du schläfst heute in meinem Bett, damit du nicht in seiner Nähe bist, und ich schlafe in deinem Bett.' Ich war der Meinung, das würde die Situation entschärfen, denn meine Mutter war wirklich eine liebe Frau und ich wollte sie einfach irgendwie beschützen.

Aber das war der Fehler meines Lebens – mein Vater begann im Ehebett, mich zu belästigen. Ich verstand gar nicht, was er tat oder warum. Ich wusste nicht, was ich sagen sollte – ich war schließlich erst in der vierten Klasse.

Irgendwie überstand ich diese Nacht, aber emotional war ich völlig fertig.

Schon bald kam es zum nächsten großen Krach – was sollte ich also tun? Ich sagte mir wieder, dass ich meine Mutter beschützen müsse, vielleicht würde es ja diesmal anders werden.

Das war nicht der Fall. Und auf diese Weise entstand ein schrecklicher Teufelskreis. Das Einzige, was ich ihm entgegenzusetzen hatte, waren Worte: ‚Bitte, nicht, Papa, ich will das nicht.'

‚Na, gut, wenn du nicht willst', erwiderte er dann, ‚verprügle ich eben deine Mutter.' Ich saß also in der Falle und hatte das Gefühl, dass mir nichts anderes übrig blieb, als mich zu fügen.

Nachdem das eine Weile so gegangen war, kam es mir vor, als ob er bewusst Streit mit meiner Mutter vom Zaun brach, damit ich die Nacht bei ihm schlief. Oder er rief mich ganz offen zu sich ins Schlafzimmer: ‚Komm her, Amalia, ich will dich hier bei mir haben.' Irgendwann merkte ich dann mit Grauen, dass ich auf eine völlig kranke Art und Weise den Platz meiner Mutter eingenommen hatte und sie ihm ersetzte.

‚Wehe, du erzählst deiner Mutter was davon!', drohte er mir. ‚Wenn du ihr auch nur ein Wort sagst, bringe ich sie um.' Und weil der ursprüngliche Gedanke bei dem Ganzen ja gewesen war, meine Mutter zu beschützen, hielt ich den Mund.

Bei all dem, was sich zu Hause abspielte, war die Schule eine einzige Quälerei für mich. Ich konnte mich einfach nicht konzentrieren. Ich saß im Unterricht, und statt dem Lehrer zuzuhören, dachte ich immer nur: *Oh nein, nur noch zwei Stunden, dann muss ich schon wieder nach Hause.* Ich war völlig durcheinander und deprimiert und wusste nicht, was ich tun sollte. Ich hatte keine Chance, ganz normal aufzuwachsen, mit Puppen zu spielen und ein fröhliches kleines Mädchen zu sein. Innerlich war ich völlig betäubt, wie abgestorben.

Einmal ging ich nach der Schule mit zu einer Freundin nach Hause. Sie hieß Jeanette, und ich war total erstaunt, dass dort nicht gestritten wurde. Es war friedlich, man ging liebevoll miteinander um, und die Familienmitglieder hörten sich sogar gegenseitig zu oder lächelten. *Ach, hätte ich doch so ein Zuhause,* dachte ich bei mir.

Es war dort so schön, dass ich länger blieb, als ich durfte, und als ich merkte, wie spät es schon war, und mich auf den Heimweg machte, wartete dort schon meine Mutter auf mich. ‚Wo bist du denn gewesen?', fragte sie besorgt. ‚Dein Vater sucht dich. Er ist richtig wütend.'

In dem Augenblick, als ich unsere Wohnung betrat, packte er mich und zog mich in sein Zimmer. Ich bekam eine so schreckliche Tracht Prügel, dass ich überall blutete, als ich wieder herauskam. Meine Mutter sah mich nur an und steckte mich sofort in die Badewanne, wo sie mir liebevoll das Blut von den Armen, Beinen, aus dem Gesicht und dem Haar wusch.

Es kam so weit, dass ich einen Schraubenzieher unter der Matratze versteckte, um ihn zu töten, wenn ich auch nur eine einzige weitere Nacht mit ihm verbringen musste. ‚Ja, er ist mein Vater', sagte ich zu mir selbst, ‚aber das hier ist nicht richtig. Er ist so schlecht, dass er sterben muss.'

Wenn dann der Punkt gekommen war, an dem ich die Waffe wirklich hätte einsetzen wollen, brachte ich einfach nie den Mut auf. Nacht für Nacht ging es so weiter und ich fügte mich ihm. Ich glaube, dass ich von den Mädchen in der Familie die schüchternste und fügsamste war. Ich schaffte es einfach nicht, mich ihm zu widersetzen.

> „Ja, er ist mein Vater", sagte ich zu mir selbst, „aber das hier ist völlig falsch. Er ist so schlecht, dass er sterben muss." Amalia

Der Missbrauch ging weiter, bis ich ungefähr 16 war und Pläne machte – wie meine Geschwister übrigens auch –, so schnell wie möglich von zu Hause wegzukommen. Für mich war der Fluchtweg ein Junge namens Richard, der gegenüber von uns wohnte und in meine Klasse ging. Wir verbrachten immer mehr Zeit miteinander – sehr zum Missfallen meines Vaters. Die einzige Art und Weise, die ich jedoch kannte, Richard dazu zu bringen, mich zu akzeptieren und zu lieben, bestand darin, ihm meinen Körper anzubieten. War es nicht das, was im Grunde alle Männer wollten?

Wir fanden bald einen Geistlichen, der bereit war, uns zu trauen, und feierten eine große puertoricanische Hochzeit im Gemeinschaftshaus unserer Wohnsiedlung. Ich erinnere mich nicht, dass mein Vater bei der Feier war; er war meinen Freunden gegenüber immer feindselig gewesen und meinem neuen Ehemann gegenüber ganz besonders.

Eine Hochzeitsreise konnten wir uns nicht leisten; wir zogen einfach in ein Haus, das uns ein entfernter Verwandter überließ. Im Grunde war das das Ende meiner Schulzeit. Richard hatte einen Job im *Metropolitan Hospital*, und ich hatte mir gedacht, dass er von jetzt an für mich sorgen würde; also war es eigentlich gar nicht nötig, dass ich meinen Schulabschluss machte. Die Träume, die ich vielleicht einmal für mich und mein künftiges Leben gehabt hatte, verblassten rasch und waren irgendwann ganz verschwunden.

Es war schwierig, mit meinem noch sehr jungen Mann eine normale sexuelle Beziehung zu haben. Jede Art von Intimität erinnerte mich sofort an meinen Vater. Unsere Ehe hatte eigentlich nie eine Chance.

Inzwischen hatte Richard mich mit Drogen bekannt gemacht und ich begann, Marihuana zu rauchen. Zuerst gefiel es mir nicht, aber er drängte mich mitzumachen, und schon bald stellte ich fest, dass ich dadurch zumindest für eine Weile alle meine Probleme vergessen konnte. Es folgten LSD und Kokain. Ich versuchte auch, mir Heroin zu spritzen, aber das gefiel mir nicht, weil es beruhigend wirkte. Ich wollte Sachen, die mich aufputschten und glücklich machten.

Die Ehe hielt nur etwas über ein Jahr. Ich fühlte mich zu anderen Männern hingezogen und auch zu Frauen. Richard und ich trennten uns und er ging kurz darauf zur Army. Inzwischen ließ ich mich mit einem Mann nach dem anderen ein und versuchte, 24 Stunden am Tag „high" zu bleiben. Ich hatte alle möglichen Jobs – arbeitete in einer Schuhfabrik, als Verkäuferin in einem Donut-Laden, machte eben alles, was sich bei meiner schlechten Schulbildung finden ließ. Aber ich war für jeden Mann, der mir was Nettes sagte und bei dem ich unterkriechen konnte, zu haben. Wenn er dann auch noch Drogen hatte, umso besser.

Ich zog mich verrückt und schrill an, um auf der Straße aufzufallen, und das war damals auch nicht schwierig, weil ich einen Job als Verkäuferin in einer Boutique namens „Butterfly" hatte. Irgendwie bekam ich den Ruf, mich besonders gern mit Boxern abzugeben. Eines Nachts war ich in einer Underground-Disco, als ein weltberühmter

Boxchampion hereinkam. Sein Freund provozierte mich, den Champion zum Tanzen aufzufordern, was ich auch tat. Am Ende des Abends lud er mich zu sich ins Hotel ein. Weil ich jedoch an dem betreffenden Abend mit einem anderen Typen zusammen war, lehnte ich das Angebot des Boxers ab. Ein paar Tage später tauchte er dann jedoch in meinem Laden auf, mit einer Schar von Fans im Schlepptau. Er wollte eigentlich weniger etwas kaufen, als mich für den Abend zum Essen einladen, und ich nahm die Einladung an. Als wir dann später in einem schicken Restaurant saßen, sagte er: ‚Hier, nimm diese Pille, du wirst dich danach toll fühlen.'

‚Was ist das?', fragte ich.

‚Vertrau mir einfach. Es wird dir gefallen', erwiderte er.

Was für eine Wirkung er sich auch immer erhofft hatte, sie trat nicht ein. Wohl eher das Gegenteil. Binnen Minuten fand ich mich auf der Damentoilette wieder, wo ich mich übergeben musste! Mir war einfach nur speiübel. Das ganze Essen hindurch ging es mir furchtbar, später nahm der Mann mich mit auf sein Hotelzimmer, aber in dieser Nacht sollte es definitiv keine ‚Action' mehr geben, weil es mir einfach zu schlecht ging. Irgendwann sagte ich ihm dann, dass ich einfach nur ein Taxi wolle, um nach Hause zu fahren. Ich bat ihn um ein bisschen Bargeld, aber er war so sauer über meinen Zustand, dass er mir nichts gab. Also musste ich auch noch meine Heimfahrt selbst bezahlen.

Ein anderer Typ, mit dem ich in dieser Zeit zusammen war, war ein Zuhälter, was ich allerdings nicht wusste. Wenn wir ausgingen, parkte er seinen Cadillac immer an der 42. Straße West und beobachtete dort bestimmte Prostituierte. Ich fragte mich: *Wieso macht er das? Hat er kein Interesse an mir?* Ich begriff nicht, dass das seine Mädchen waren, die dort standen und auf Freier warteten. Erst als er versuchte, mich ebenfalls in das Geschäft einzuführen, wachte ich auf und machte Schluss mit ihm.

Ich war inzwischen Mitte Zwanzig, und dieses rasend schnelle Leben war doch nicht so toll, wie ich es mir vorgestellt hatte. Ich kam zu dem Schluss, dass es wahrscheinlich besser für mich wäre, langfristig eine feste Arbeitsstelle zu suchen. Also meldete ich mich für einen Barkeeper-Kurs an. Warum ich das tat, weiß ich auch nicht, denn eigentlich hasste ich alkoholische Getränke.

Ich schloss den Kurs ab und bekam ein Zertifikat, hatte aber trotzdem Schwierigkeiten, eine Stelle zu finden, denn damals waren weibliche Barkeeper noch eine echte Ausnahme. Als ich mich in einer Bar namens ‚Metropole' in der Innenstadt vorstellte, bekam ich dort nicht den Job hinter der Bar, aber man bot mir eine Stelle als Serviererin an, die ich einfach annahm, weil mein Selbstwertgefühl nicht so ausgeprägt war, dass ich es woanders noch einmal versucht hätte.

Erst als ich zur Arbeit erschien, wurde mir klar, wozu die kleine Bühne in der Mitte der Bar da war. Es handelte sich um eine Obenohne-Bar, in der auch Go-Go-Girls tanzten. Was hatte ich mir da nur schon wieder eingebrockt? Aber ein Job war schließlich ein Job – und ich brauchte auf jeden Fall einen, also machte ich mich an die Arbeit.

Die männlichen Gäste waren sehr nett zu mir und manchmal sagte jemand: ‚Hey, warum gehst du nicht auch mal rauf auf die Bühne?'

Ich sah mir die Mädchen auf der Bühne an ... und bald wurde mir klar, dass dort das wirkliche Geld zu machen war. Ich schuftete mich hier für 200 Dollar die Woche plus Trinkgeld ab, während sie ein regelmäßiges Gehalt bekamen plus all die Zwanzig- und Fünfzigdollarscheine, die ihnen von Gästen zugesteckt wurden, während sie tanzten. Ich hatte zwar Angst, aber nachdem mich eine Zeit lang viele Gäste ermutigt hatten, es doch auch einmal mit dem Tanzen zu versuchen, ging ich zum Barinhaber und bat ihn um eine Stelle als Tänzerin.

Mein erster Auftritt war schrecklich. Wahrscheinlich hätte ich ihn gar nicht durchgestanden, wenn ich nicht vorher Drogen genommen hätte. Aber nachdem ich ein Weilchen getanzt hatte und die Gäste anfingen, zu applaudieren und mir Geld zuzuwerfen, erkannte ich doch die Vorteile meiner neuen Tätigkeit.

Inzwischen bin ich seit vier Jahren in diesem Job. Ich bin nicht unbedingt wild darauf – aber was soll ich machen? Manchmal denke ich: *Wie bin ich da nur hineingeraten? Eigentlich will ich das gar nicht.* Dann werde ich ziemlich deprimiert und denke einfach, dass es für mich eben nichts anderes gibt. Mein Vater hat schon alles zerstört, wovon ich früher einmal geträumt habe. Einem Teil von mir ist es egal, wie tief ich noch sinke ... einem anderen Teil aber nicht, verstehen Sie?

Vor ein paar Jahren war ich finanziell völlig am Ende, und zwar durch die Folgen einer Beziehung mit einem Mann namens Gilbert, den ich im ‚Metropole' kennen gelernt hatte. Er gefiel mir und wir wurden ein Paar. Eines Abends bin ich dann beim Tanzen ohnmächtig geworden und mitten auf der Bühne zusammengebrochen.

Ich nahm an, dass ich zu viel getrunken hatte, aber der wahre Grund war, dass ich schwanger war. Ich war zuvor schon mehrmals schwanger gewesen und hatte immer abgetrieben, damit ich weiterarbeiten konnte, aber diesmal war es anders. Aus irgendeinem Grund wollte ich das Kind unbedingt behalten und erfahren, wie es ist, ein Baby zu haben.

Gilbert wollte aber auf gar keinen Fall ein Kind und machte sich prompt aus dem Staub. Ich war verzweifelt, völlig allein und konnte wegen der Schwangerschaft nicht mehr arbeiten. Irgendwann wurde in meiner Wohnung der Strom abgeschaltet, weil ich die Rechnung nicht bezahlen konnte. Nun war ich wirklich ganz unten angekommen. Ich kam zu dem Schluss, dass es wahrscheinlich das Beste war, mich umzubringen, entweder indem ich mir die Pulsadern aufschnitt oder von einer Brücke sprang. Ich nahm eine Rasierklinge und ritzte einen Strich auf mein Handgelenk, bis es anfing zu bluten, aber ich brachte es einfach nicht fertig, so tief zu schneiden, dass endgültig Schluss war.

> „Ich war schon zuvor mehrmals schwanger gewesen, hatte aber immer abgetrieben. Diesmal wollte ich aus irgendeinem Grund wissen, wie es ist, ein Kind zu haben."
> Amalia

Wirklich demütigend war es für mich, meine Mutter zu fragen, ob ich wieder zu Hause einziehen konnte. (Mein Vater hatte sie inzwischen verlassen – die Polizei war so oft gerufen worden, um ihn in Gewahrsam zu nehmen, dass er es schließlich vorgezogen hatte, aus New York zu verschwinden.) Sie nahm mich auf, und ich gebe zu, dass ich viel von meiner Wut an ihr ausgelassen habe. Sie fragte mich eines Tages, warum ich eigentlich nicht in der Lage sei, auch nur einen einzigen Satz zu sagen, in dem kein Schimpfwort vorkam. Wir gerieten in einen heftigen Streit. Ich glaube, dass ich irgendwo tief in mir immer noch wütend auf sie war wegen all der Dinge, die Jahre zuvor passiert waren.

Zum errechneten Termin brachte ich einen gesunden Jungen zur Welt, den ich Vinny nannte. Das war das schönste Erlebnis meines Lebens. Als ich ihn anschaute, wie er so in meinem Arm lag, konnte ich gar nicht anders, als Gott zu danken.

Jetzt frage ich mich, wie ich ihn großziehen soll. Was soll ich ihm beibringen? Ich weiß es nicht ...

Um ihn zu ernähren, muss ich wieder in meinem alten Job arbeiten. Meine Mutter kümmert sich um ihn, wenn ich weg bin.

Einmal, als meine Mutter und ich uns wieder gestritten hatten, bin ich ganz oben auf das Dach unseres Hochhauses gegangen. Ich schaute die 18 Stockwerke hinunter auf die Straße und dachte daran, was für eine lausige Mutter ich abgab – ich kam morgens um drei mit Drogen voll gepumpt nach Hause und überließ meiner Mutter die eigentliche Arbeit mit meinem Kind. Vielleicht sollte ich einfach springen. Ich fing an, zu zittern und zu weinen.

Irgendwie zwang ich mich selbst, von der Dachkante zurückzutreten und wieder nach unten zu gehen, und dann ging ich in die katholische Kirche, in die meine Mutter geht, und saß dort einfach nur in der Stille. Ich zitterte und weinte immer noch, als ich sagte: ‚Gott, warum muss ich das alles durchmachen? Warum lässt du zu, dass mein Leben so außer Kontrolle gerät? Das ist alles deine Schuld.'

Dann trennte sich mein letzter Liebhaber von mir und ich war völlig fertig und noch verwirrter. Es war mir jetzt wirklich ernst damit, mich umzubringen. Ich wollte von einer der Brücken in den East River springen. Ich hatte zwar Angst davor, aber noch mehr Angst hatte ich vor dem Weiterleben.

Mickey, der Mann meiner Schwester, und ich haben früher viel zusammen gefeiert und waren ständig auf irgendwelchen Partys. Vor einiger Zeit ist er Christ geworden, genau wie eine Freundin von mir namens Carmen. Plötzlich hat sie keine Lust mehr, mit mir zusammen Drogen zu nehmen, sondern redet stattdessen dauernd von Jesus.

Vor ein paar Wochen lud Mickey mich und meine Mutter und einige andere von uns ein, mit in die Gemeinde zu kommen, in die er geht.

‚Okay, ich komme mit', sagte ich.

Wir saßen oben auf der Empore. Wahrscheinlich war ich nicht richtig angezogen für einen Gottesdienst, aber was soll's? Mickey war jedenfalls völlig glücklich. Er saß da und hatte die ganze Zeit dieses Strahlen im Gesicht. Ich konnte mir absolut keinen Reim darauf machen, warum.

Als Sie dann aufgestanden sind, um zu predigen, und anfingen, über Gottes Liebe zu sprechen, da habe ich zugehört. Ich erinnere mich, dass Sie so in etwa gesagt haben: ‚Jesus liebt dich, egal, was du getan hast. Er wird dir vergeben, und er wird dafür sorgen, dass du alles, was dir im Leben angetan worden ist, hinter dir lassen kannst.'

Und schon bald dachte ich: *Woher weiß der, was ich durchmache? Hat Mickey ihm was aus meinem Leben erzählt oder was?* Ich konnte einfach nicht glauben, dass Gott mein verrücktes Leben wirklich verstehen kann. Mir kamen alle möglichen Fragen und dann fing ich urplötzlich an zu weinen. Das ist eigentlich gar nicht meine Art – eigentlich bin ich ziemlich hart im Nehmen. Aber ich konnte die Tränen einfach nicht zurückhalten. Mein Make-up war jedenfalls völlig hinüber.

Als Sie dann die Leute aufgefordert haben, nach vorn zu kommen, um zu beten, bin ich aufgestanden und mit den anderen nach vorn gegangen. Eine Frau kam zu mir und legte mir die Hand auf die Schulter. Das hat mich irgendwie erschreckt – so etwas bin ich einfach nicht gewohnt. Aber sie hat einfach nur für mich gebetet.

Als ich wieder zu Hause war, musste ich über alles nachdenken. Manche Sachen irritierten mich immer noch. Am nächsten Tag rief einer von Ihren Pastoren bei mir an, um sich zu bedanken, dass ich in den Gottesdienst gekommen war, und um zu fragen, wie es mir ging. Am Ende sagte er: ‚Sind Sie bereit, Jesus Ihr Leben anzuvertrauen?'

‚Also, eigentlich glaube ich nicht, dass ich schon so weit bin', antwortete ich. Schließlich hatte ich mich im LSD-Rausch immer über die Sendungen auf den christlichen Kanälen kaputt gelacht. Aber irgendetwas passierte da in mir. Ich beschloss deshalb, noch einmal in Ihren Gottesdienst zu kommen, um wenigstens herauszufinden, ob ich an der Nase herumgeführt worden war und ob Sie vielleicht irgendeinen Plan hatten, mich zu kriegen.

Also bin ich am vergangenen Sonntag wiedergekommen. In Ihrer Predigt ging es diesmal um den Frieden Gottes.

Derselbe Pastor bekam mich wieder zu fassen und fragte mich, ob ich gern mit Ihnen reden würde. Ich versuchte, möglichst cool zu wirken, und sagte: ‚Wieso sollte ich?' Aber in meinem tiefen Innern wusste ich, dass es nötig war.

> Ich sah diese arme Frau an, die durch die Sünde und den Satan so heruntergekommen und zerstört war,
> und es brach mir schier das Herz. Sie wandte sich mir zu, als wolle sie sagen: „Was soll ich als Nächstes tun? Bin ich ein hoffnungsloser Fall?"

Wenn sich nicht bald etwas ändert, Pastor … mein Leben ist ein einziges Durcheinander. Ich will offen sein – ich fühle mich einfach schmutzig, selbst jetzt, wo ich bei Ihnen im Büro sitze. Ich weiß nicht, ob es richtig war, Ihnen das alles zu erzählen, aber … egal … vielleicht sollte ich jetzt besser aufhören zu reden …"

Während Amalia ihre Geschichte erzählte, war ich mehrmals den Tränen nahe. Ich hatte einen so dicken Kloß im Hals, dass ich kaum etwas sagen konnte. Wir saßen einfach nur schweigend da, jeder tief in Gedanken versunken. Mir schien es, als hätte sie schon mindestens zwei oder drei Leben gelebt – und jedes davon war einfach furchtbar gewesen.

Ich sah diese arme Frau an, die durch die Sünde und den Satan so heruntergekommen und zerstört war, und es brach mir schier das Herz. Sie wandte sich mir zu, als wolle sie sagen: „Was soll ich denn nur tun? Bin ich ein hoffnungsloser Fall? Werden Sie mich einfach hinauswerfen oder was?"

Ich blickte auf die Uhr und stellte fest, dass es Zeit für die Gebetsversammlung war. Und plötzlich wusste ich ganz genau, was zu tun war.

„Amalia", sagte ich, „wir werden jetzt in die Gebetsversammlung gehen und Gott bitten, ein Wunder zu tun. Jesus Christus kann Sie reinigen und aus Ihnen die Frau machen, als die er Sie gedacht hat. Er hat Sie hierher geführt, damit wir Ihnen zeigen, wie Sie aus Ihrem Chaos herauskommen können. Wenn Sie wollen, dass Jesus Christus Sie rettet und verändert, dann kommen Sie jetzt mit mir, und ich werde dafür sorgen, dass die ganze Gemeinde für Sie betet."

Sie deutete ein Nicken an und wir verließen mein Büro. Wir gingen durch den Mittelgang der Kirche, wo die Menschen schon alle beteten, und setzten uns in die vorderste Reihe.

Später ging ich dann ans Mikrofon und sagte, dass Gott uns an diesem Abend einen besonderen Gast geschickt hätte, und schon stand Amalia vor der gesamten Gemeinde. Ich erzählte nichts von Amalias Geschichte, nur dass sie sich in einer Lebenskrise befände und jetzt Jesus als ihren Erlöser annehmen wolle. Und dann folgte eine wunderbare Anbetungszeit, in der wir zusammen beteten und dann Gott lobten und priesen, „den Vater voller Barmherzigkeit [...], der uns in jeder Not tröstet" (2 Kor 1,3)!

Amalia erzählte mir später, wie sie nach dem Gottesdienst nach Hause gekommen war, wo ihre Mutter auf den kleinen Vinny aufpasste. Sie rief: „Mama, rate mal, was ich heute Abend getan habe! Ich habe mein Herz für Jesus Christus geöffnet und er hat mich gerettet! Er hat mich gereinigt! Ich bin nicht mehr dieselbe!"

Ihre Mutter war einfach sprachlos gewesen. Kam diese problematische Tochter endlich doch noch klar?

„In dieser Nacht habe ich so gut geschlafen wie nie zuvor", berichtete Amalia, „weil ich mich sauber fühlte. Das hat Jesus getan! Keine Alpträume mehr, keine Drogen, kein Selbsthass, keine Verzweiflung."

Pastor Boekstaaf und seine Frau Ingrid nahmen Amalia in eine Jüngerschaftsschule auf, die bei ihnen zu Hause stattfand. Und wir konnten mitverfolgen, wie sich Amalias Leben veränderte. Auch rein äußerlich fand eine regelrechte Verwandlung statt. Ihre Augen wurden strahlend. Sie kleidete sich anders. Sie verhielt sich jetzt wie eine Frau, die zu Gott gehört, und legte die Haltung ab, die die Sünde ihr auferlegt hatte. Sie fand eine Stelle als Empfangssekretärin in einer kleinen Anwaltskanzlei und arbeitete später im Empfang einer großen Versicherungsgesellschaft.

Irgendwann schloss Amalia sich dem *Brooklyn Tabernacle*-Chor an. Ein, zwei Jahre später fragten wir sie, ob sie anlässlich eines großen Konzertes in der *Radio City Music Hall* bereit sei, vor einem Lied, das meine Frau Carol geschrieben hatte, ein Zeugnis in Form ihrer Lebensgeschichte zu geben. Der Titel des Liedes lautete: „Ich bin rein" („I'm Clean"). Nach Amalias Geschichte begann der Chor zu singen:

> Da ist Blut, das reinigende Blut, das von Golgatha fließt,
> und in diesem Blut liegt erlösende Kraft,
> denn es hat mich reingewaschen und sauber gemacht ...
> Und heute stehe ich da mit einem reinen, sauberen Herzen;
> durch das Blut, das Jesus vergossen hat, bin ich wirklich frei.

Während der Chor sang, zeigten wir auf einer Großleinwand eine Reihe von Dias, die Amalia uns geliehen hatte. Die Härte und der Verfall nahmen immer mehr zu, bis sich schließlich der Rahmen auflöste und die schöne junge Frau sichtbar wurde, die sie inzwischen geworden war und die in ihrer weißen Robe auf der Bühne stand. Man hatte den Eindruck, dass alle 6 000 Konzertbesucher den Tränen nahe waren.

Ein paar Jahre nach ihrer Umkehr zu Jesus lernte Amalia in unserer Gemeinde einen Zahntechniker kennen. Die beiden verliebten sich und heirateten. Der Herr schenkte ihnen einen Sohn und 1987 zogen sie in einen anderen Bundesstaat. Dort gehen sie jetzt ihren Weg mit Gott weiter und sind Mitglieder einer Gemeinde, in der ein guter Freund von mir Pastor ist.

Ich habe Amalias Geschichte so ausführlich erzählt, weil ich daran deutlich machen möchte, dass, so gründlich der Teufel ein Leben auch durcheinander bringen kann – egal, wie früh in der Kindheit eines Menschen er damit anfängt und wie furchtbar er die Seele eines Menschen zurichtet –, Gott trotzdem das geraubte Eigentum zurückholen und ersetzen kann.

Wenn Gott Amalia verändern konnte, welche Ihrer Probleme könnten dann für ihn „unlösbar" und „unmöglich" sein? Wenn Gott auf Amalias Schrei nach Gnade und Barmherzigkeit reagiert hat, was hindert dann Sie noch daran, sich jetzt sofort an diesen Herrn zu wenden? Genau dazu lädt Gott Sie ein und es gibt keinen besseren Zeitpunkt dafür als jetzt. So lautet seine liebevolle Einladung: „Rufe mich an in der Not, so will ich dich erretten, und du sollst mich preisen" (Ps 50,15).

Sie sehen, Jesus erweist sich als mächtiger als der raubende und plündernde Dieb. Dieser Augenblick, genau jetzt, während Sie diese

Worte lesen, ist entscheidend. Schauen Sie sich realistisch an, wo Sie geistlich stehen, und machen Sie sich daran, sich alles das zurückzuholen, von dem Gott Ihnen zeigt, dass der Teufel es Ihnen geschickt und trickreich gestohlen hat. Der Eifer und die Liebe für Jesus, die Sie einmal hatten, *können* wiederhergestellt werden. Die Berufung, die über Ihrem Leben steht, nämlich für Gott in einem besonderen Dienst zu stehen, kann immer noch erfüllt werden.

> So gründlich der Teufel ein Leben durcheinander bringen mag – egal, wie früh in der Kindheit eines Menschen er damit anfängt und wie furchtbar er die Seele eines Menschen zurichtet –, Gott kann das geraubte Eigentum trotzdem zurückholen.

Und es ist für Gott auch nicht zu spät, Ihren Sohn oder Ihre Tochter zu erreichen, wo immer sie auch sein und was sie auch tun mögen. Die Familie, die gerade zerbricht, ist kein zu schwerer Fall für Jesus, wenn Sie jetzt aufstehen und im Glauben darum bitten, dass Jesus wiederherstellt, was der Dieb zu rauben versucht hat. Gott wird es tun und Sie werden ihn auf ganz neue Weise loben.

Anmerkung

[1] Die *Smiths Projects* sind ein Projekt des sozialen Wohnungsbaus, allerdings der unrühmlichen Art, weil es sich um Hochhaus-Wohnsilos handelt, wie es sie in New York an mehreren Stellen gibt. Dieses liegt mehr oder weniger zwischen Chinatown, Little Italy und der Wall Street in Manhattan.

Kapitel 3

Die Frage, die niemand stellt

Den meisten von uns fallen in erster Linie äußerliche und oberflächliche Dinge ein, wenn sie über ihren geistlichen Zustand nachdenken, z. B. Verhaltensweisen, etwa ob wir getratscht haben, ob wir in unserer Ehe treu waren, ob wir in der Bibel gelesen und den Zehnten gegeben haben. Wir konzentrieren uns auf äußerliche Werke und vergessen dabei, dass sie nur die Frucht eines tiefer liegenden geistlichen Faktors sind.

In den institutionalisierten Kirchen haben die Pastoren oftmals ein zu starkes Interesse an Anwesenheit, aber die allein ist noch kein Indiz dafür, dass eine Gemeinde gesund ist. Es kommt nicht darauf an, wie viele Leute kommen, sondern wie aktiv und lebendig ihr Glaube an den Gott ist, dem sie dienen. Man kann ohne Schwierigkeiten ein Gebäude mit Menschen füllen, ohne Gott auch nur im Geringsten zu gefallen, denn Masse ist nicht gleichbedeutend mit geistlichem Leben.

Als Paulus Timotheus aussandte, um nach der neuen Gemeinde in Thessalonich zu schauen (wo er nur drei Wochen hatte bleiben können, bevor er aus der Stadt gejagt wurde), hätte man doch eigentlich meinen müssen, dass er sich zuerst danach erkundigen würde, wie stark die Gemeinde gewachsen war. Hatten sie schon ein eigenes Kirchengebäude? Wie viele Menschen kamen sonntags in den Gottesdienst? Reichte die Kollekte aus, um die laufenden Kosten zu decken? Und wie sah es mit den einzelnen Menschen aus? Hatten sie aufgehört zu fluchen, zu trinken und zu zechen? Waren sie in schlechte Gesellschaft geraten? Hatten sie wechselnde Sexualpartner?

Aber nach all dem erkundigte er sich nicht, sondern in seinem 1. Brief an die Gemeinde in Thessalonich offenbart Paulus sein oberstes Anliegen in Bezug auf die neu bekehrten Christen: die *Entwicklung ihres Glaubens*. Er möchte gerne wissen, wie es um ihre geistliche Gesundheit bestellt ist, und dabei richtet er sein Augenmerk zunächst auf den Glauben. Er geht nicht einfach davon aus, dass sie ganz automatisch einen stabilen Glauben haben, nur weil sie jetzt Christen sind. Achten Sie einmal auf seine Worte, und hören Sie, wie ungewohnt sein Ansatz für unsere modernen Ohren klingt.

- „... schickte Timotheus zu euch. Er sollte euch in *eurem Glauben* stärken und ermutigen" (Vers 2).
- „Darum hielt ich es nicht mehr aus und schickte Timotheus zu euch, um zu erfahren, wie es um *euren Glauben* steht."
- „Ihr habt *euren Glauben* bewahrt, Brüder und Schwestern, und das hat uns mitten in unserer Angst und Sorge neuen Mut gegeben" (Vers 7).
- „Tag und Nacht bitten wir ihn von ganzem Herzen, daß wir euch wiedersehen dürfen. Denn wir möchten euch gerne helfen, daß in *eurem Glauben* nichts mehr fehlt" (Vers 10).

Von Anfang bis Ende dieses Kapitels ist Paulus mit diesem einen einfachen Wort befasst. Es handelt sich dabei um mehr als nur eine Kontrolle, eine Inspektion. Er hat Timotheus geschickt, um die Menschen in ihrem Glauben „zu stärken und zu ermutigen" – anders ausgedrückt: zu tun, was er kann, damit der Bericht möglichst positiv ausfällt.

Timotheus hat eine großartige Zusammenfassung mit zurückgebracht, wie oben zitiert. Beachten Sie, dass kein Wort über das Gebäude fällt, in dem die Christen zusammenkamen. Kein Wort über die Tonanlage, den Teppichboden oder die Beleuchtung. Stattdessen richtet er seine Aufmerksamkeit auf ihren Glauben. Aber selbst das genügt Paulus noch nicht. In Vers 10 heißt es, dass er selbst noch eine Reise zur Gemeinde unternehmen möchte, um sie in ihrem Glauben zu stärken. Glaube. Glaube. Glaube. Glaube.

Warum diese Hervorhebung?

Was bewegt das Herz Gottes?

Was Paulus wusste, wir aber offenbar vergessen haben, ist die Tatsache, dass der Glaube immer als Erstes zusammenbricht, bevor es zu

Zusammenbrüchen im Verhalten eines Menschen, also zu Rückfällen in alte Verhaltensweisen kommt. Wenn jemand immer wieder die Beherrschung verliert und jähzornig ist oder wenn bei jemandem die Liebe zu Gott erkaltet, dann ist das nicht das eigentliche Problem, sondern es steckt immer mangelnder Glaube dahinter. Und dasselbe gilt nach meiner Ansicht für alle Abweichungen und das Abfallen vom richtigen Lebensstil.

Das Ziel meiner Arbeit in der *Brooklyn Tabernacle*-Gemeinde besteht nicht darin, die Kirche mit Menschenmassen zu füllen, sondern mein Ziel ist es, das Wort Gottes so zu predigen, dass der Glaube der Menschen an Jesus Christus dadurch aufgebaut wird. Gott braucht nicht die wunderschöne Musik eines Kirchenchores. Wenn er tolle Musik wollte, würde er die Engel singen lassen, denn sie können den Text auswendig und singen niemals falsch. Worauf er aber wirklich Wert legt, sind Menschen, die einen starken persönlichen Glauben an ihn haben.

> Gott braucht nicht die wunderschöne Musik eines Kirchenchores. Wenn er tolle Musik wollte, würde er die Engel singen lassen.

Was wäre Ihrer Meinung nach nötig, um Jesus zum Staunen zu bringen? Schließlich wurde durch ihn die ganze Erde und die Menschheit überhaupt geschaffen. Ihn selbst hat es im Himmel schon immer gegeben. Gab es zu seiner Zeit auf der Erde irgendetwas, das ihn so in Erstaunen versetzte, dass er ausrief: „Das ist ja toll! Wow!" In keinem der Evangelien war Jesus erstaunt über die Rechtschaffenheit irgendeines Menschen. Schließlich war er ja selbst völlig heilig und rein. Er war auch nie beeindruckt vom Wissen oder der Bildung eines Menschen. Er hat nie gesagt: „Meine Güte, dieser Matthäus, der ist wirklich klug! Da habe ich mir ja ein wahres Finanzgenie herausgepickt."

Über eines jedoch hat er *sehr wohl* gestaunt: über den Glauben von Menschen.

Als er dem römischen Hauptmann sagte, er wolle zu ihm nach Hause kommen, um den Knecht zu heilen, und der Hauptmann erwiderte, die Mühe solle er sich nicht machen, sondern er bräuchte doch nur ein Wort zu sagen, um den Mann zu heilen, „wunderte Jesus sich über ihn. Er drehte sich um zu der Menge, die ihm folgte: ‚Wahrhaftig, solch ein Vertrauen habe ich nicht einmal in Israel gefunden!'" (Lk 7,9). Den jüdischen Zuhörern gefiel es zwar wahrscheinlich nicht so sehr, von einem Römer deklassiert zu werden, aber genau das geschah hier.

Als eine andere „Ausländerin", eine Kanaaniterin, zu ihm kam, ihn bat, ihrer besessenen Tochter zu helfen, und sich auch nicht abwimmeln ließ, rief Jesus schließlich aus: „Du hast ein großes Vertrauen, Frau! Was du willst, soll geschehen" (Mt 15,28).

Andererseits konnte er in seiner Heimatstadt Nazaret, wo er aufgewachsen war, „keine Wunder tun; nur einigen Kranken legte er die Hände auf und heilte sie. Er wunderte sich, daß die Leute von Nazareth ihm *das Vertrauen verweigerten*" (Mk 6,5–6). Sie können sicher sein, dass für den Sohn des lebendigen Gottes keine Krankheit zu schwer und kein Dämon zu mächtig war. Aber an diesem Tag in Nazaret waren ihm auf Grund des Unglaubens der Leute die Hände gebunden. Ja, er erhob diese Tatsache sogar zu einem ersten Grundsatz: „Euch geschehe nach eurem Glauben" (Mt 9,29; Elberfelder Übersetzung).

Wir können diese Geschichte nicht theologisch verdrehen, indem wir sagen: „Vielleicht war es ja gar nicht Gottes Wille, dass er die Leute in Nazareth heilte." In dem Text gibt es dafür keinerlei Hinweise. Es heißt dort ganz eindeutig, dass der Sohn Gottes an diesem Tag in seinem Wirken eingeschränkt war, weil die Leute nicht an ihn glaubten.

Glaube allein ist es, der göttliche Macht auslöst und freisetzt. Petrus schreibt dazu: „Wenn ihr Gott fest *vertraut*, wird er euch durch seine Macht bewahren" (1 Petr 1,5).

Es klappt einfach nicht, wenn wir es immer wieder selbst versuchen, uns abmühen und Versprechungen machen – Gott geht es um unseren Glauben. Glaube ist der Schlüssel zu einer Beziehung zu ihm.

Nicht nur Gerede

Ich meine damit nicht unser Reden. Glaube ist mehr als Reden. Manchmal sind wir nicht besser als die Menschen aus der Zeit Jesajas, über die der Herr sagte: „Dieses Volk behauptet, mich zu ehren. Aber sie ehren mich nur mit Worten, mit dem Herzen sind sie weit weg von mir" (Jes 29,13).

In unserer Zeit sind viele Christen in manchen Bereichen aus der Bahn geraten, weil es ihnen besonders wichtig ist, bestimmte Worte zu gebrauchen (oder nicht zu gebrauchen), ein „positives Bekenntnis" abzulegen oder eine superzuversichtliche Darstellung von Gesundheit, Wohlstand oder anderen Segnungen zu verbreiten, so als sei dies eine Art geistliches Mantra. Im Vordergrund beziehungsweise im Mittelpunkt vieler Gemeinden steht die Formel „So funktioniert die Bibel auch für dich", während die Frage nach einem Glauben, der von ganzem Herzen kommt, und nach Gemeinschaft mit dem lebendigen Gott kaum erwähnenswert ist.

Diese Formel stimmt jedoch nicht mit dem Geist oder der Botschaft des Neuen Testamentes überein, sondern sie führt zu üblen Absurditäten. Sie hat den Wunsch nach echten Gebetsversammlungen im ganzen Land erstickt. Die Menschen können nicht einmal zu Gott beten, um Antworten auf ihre Probleme zu bekommen, weil laut ihrer eigenen Lehre nicht einmal ausgesprochen werden darf, dass man ein Problem hat. Zuzugeben, dass man krank ist oder Probleme hat, wird als Schwäche betrachtet; sobald man den Mund aufmacht und etwas Negatives sagt, heißt es dann, dass man „nicht aus dem Glauben" lebt.

Wenn das wahr ist, warum hat dann der Apostel Jakobus erklärt: „Wer von euch Schweres zu ertragen hat, soll beten [...]. Wer von euch krank ist, der soll die Ältesten der Gemeinde rufen, damit sie für ihn beten und ihn im Namen des Herrn mit Öl salben?" (Jak 5,13–14). Wie können wir denn aufrichtig und von Herzen beten oder andere um Fürbitte bitten, wenn wir nicht zuvor eingestehen, dass wir ein Problem haben? Die Gläubigen des Neuen Testamentes taten das ganz offensichtlich.

Ein Geistlicher sagte mir einmal, dass er Menschen, die nach vorn zum Altar kämen, um für sich beten zu lassen, anweisen würde, nicht zu sagen: „Ich habe eine Erkältung" oder: „Ich habe Diabetes", sondern „Ich habe die *Symptome* einer Erkältung" oder: „Ich habe die Symptome von Diabetes". Andernfalls würden sie ja nicht im „Glauben wandeln". (Ich nehme an, dass es sich nur um die „Symptome des Todes" handelt, wenn jemand seit zwei Wochen nicht mehr atmet.)

In meinen Augen ist das nichts als Wortklauberei. Der Glaube, den Gott sich für uns wünscht, schreckt nicht davor zurück, sich dem Problem zu stellen. Als Abraham jahrelang kinderlos blieb, sagte er nicht: „Meine Frau und ich haben scheinbar Symptome von Unfruchtbarkeit", sondern er war total direkt. Er *„wurde nicht schwach im Glauben"* und gab Gott die Ehre, und er stellte sich der Tatsache, dass sein Körper so gut wie tot war – denn er war fast hundert Jahre alt – und dass auch Sarahs Leib „tot" war. Aber er wankte nicht, was seinen Glauben an die Verheißung Gottes betraf, sondern *„sein Glaube wurde nur um so fester,* und er gab Gott die Ehre, indem er absolut überzeugt davon war, daß Gott die Macht hatte zu tun, was er versprochen hatte" (Röm 4,19–21).

Ist das nicht eine großartige Bibelstelle? Eine realistische Einstellung zu einem Problem war nicht im Geringsten Anti-Glaube, sondern sie führte vielmehr dazu, dass Abraham sagte: „Herr, du bist der Einzige, der an dieser Situation etwas ändern kann. Komm und hilf uns, darum bitten wir dich." Paulus und die anderen Verfasser der biblischen Bücher sprachen sich nicht für einen „Fantasy-Glauben" oder einen „Hyper-Glauben" aus. Im 3. Kapitel des 1. Thessalonicher-Briefes scheint absolut nichts darauf hinzuweisen, wie die Christen in der Stadt redeten oder welche Art von Erklärungen sie abgaben. Paulus hielt nach etwas Tiefgreifenderem Ausschau: *nach echtem Glauben.*

Mühe ohne Ende?

Im Unterschied dazu gibt es heutzutage viele Menschen in amerikanischen Gemeinden, deren Glaube im Grunde eingeschlafen ist. Das würden sie natürlich niemals zugeben, sondern sie würden mit dem Brustton der Überzeugung behaupten, dass sie an Gott und sein Wort glauben. Aus diesem Grund stehen sie jeden Sonntag im Gottesdienst auf und sprechen das apostolische Glaubensbekenntnis mit.

Aber wenn man genau hinschaut, sieht man eine Art „Hybrid-Christentum". Man sieht Menschen, die glauben, dass Christsein darin bestehe, jeden Tag in der Bibel zu lesen und, so gut es geht, ein anständiges Leben zu führen, um dadurch Gottes Zustimmung und Anerkennung zu bekommen.

„Was ist bloß mit der Kernwahrheit der protestantischen Reformation geschehen, die besagt, dass wir uns den Zugang zu Gott nicht verdienen können, sondern ihn aus Gnade durch den Glauben empfangen?

Der Schlüsselbegriff, mit dem sie das Leben des Christen beschreiben, ist „Kampf". Sie sagen beispielsweise: „Ich *kämpfe* damit, dem Herrn zu gehorchen und seinen Willen zu tun. Ich gebe mein Bestes. Wir haben ja schließlich alle zu *kämpfen*, nicht wahr?" In solchen Aussagen kommt ein Christsein zum Ausdruck, das eher die eigenen Fähigkeiten und Möglichkeiten im Blick hat, als die Möglichkeiten und die Macht Gottes.

Was ist nur aus der Kernwahrheit der protestantischen Reformation geworden, dass wir uns den Zugang zu Gott nicht verdienen können, sondern ihn aus Gnade durch Glauben empfangen? Genau wie die Galater haben wir uns von etwas Lebenswichtigem abgewandt. Kaum verwunderlich, dass der Apostel Paulus ihnen einen so strengen Brief schrieb: „Warum begreift ihr denn nicht? Was der Geist Gottes in euch angefangen hat, das wollt ihr jetzt aus eigener Kraft zu Ende führen?" (Gal 3,3).

Echtes Christsein bedeutet vielmehr, Jesus zu kennen und ihm zu vertrauen, sich auf ihn zu verlassen und zuzugeben, dass wir alle Kraft von ihm beziehen. Das ist nicht nur der Glaube, der Gott gefällt, sondern er ist auch der Kanal, durch den die Macht Gottes in unser Leben fließt, damit wir überhaupt siegreich für ihn leben *können*. Genau das meinte Paulus, als er schrieb: *„Allem bin ich gewachsen durch den, der mich stark macht (Christus)"* (Phil 4,13).

Mein Mitautor Dean Merrill war kürzlich auf einer Hochzeit, bei der das Brautpaar bei der Trauungszeremonie nicht ein einfaches „Ja" sagte, sondern „Ja, mit Gottes Hilfe". Der Geistliche, der die Trauliturgie verfasst hatte, wusste, dass der Wille allein ein junges Paar heute nicht tragen kann, „bis dass der Tod uns scheidet". Deshalb bat er die beiden, Gott beim Aufbau und der Gestaltung ihrer Ehe um Hilfe anzuflehen.

Diese Erklärung stimmt im Wesentlichen mit den Worten Salomos überein, der bei der Weihung des Tempels sagte: „Wie er unseren Vorfahren beistand, so stehe er nun auch uns zur Seite! Er möge uns nie verlassen oder verstoßen. *Er schenke uns ein Herz, das ihm gehorsam ist*, damit wir immer nach den Geboten und Weisungen leben, die er unseren Vorfahren gegeben hat" (1 Kön 8,57–58). In diesem Satz macht Salomo die Tatsache deutlich, dass es immer Gott selbst ist, der unser Herz zu sich ziehen und verändern muss, und wir andernfalls scheitern.

Bei den meisten Menschen ist es so, dass sie sich noch mehr Mühe geben und sich noch mehr „abstrampeln", wenn ihr geistliches Leben zusammenbricht. Viel Glück! Mühe geben bei was eigentlich? Ich habe in mich hineingeschaut – und dann lieber wieder weggeschaut. Da gibt es nichts, was gut oder brauchbar wäre. Wenn ich mich dagegen zur anderen Seite umschaue und anfange, „den Blick auf Jesus [zu] richten, der uns auf dem Weg vertrauenden Glaubens vorausgegangen ist und uns auch ans Ziel bringt" (Hebr 12,2), dann finde ich alles, was ich brauche.

Der Versuch, Menschen zu kontrollieren und sie dazu zu bringen, sich anständig zu benehmen, indem man ihnen Gesetze gibt und mit der Hölle droht, bringt nichts. Sie werden sich nicht ändern. Die so genannten Gerechten leben nur auf einem Grund: „aus Glauben."

Als Kind und Jugendlicher dachte ich, dass der größte Christ derjenige sei, der erhobenen Hauptes und aufrecht durchs Leben geht, weil er innere Kraft und Macht hatte, einer, der die Bibel zitiert und jedem zeigt, dass er es geschafft hat. Inzwischen weiß ich jedoch, dass der mündigste Christ nicht derjenige ist, der das meiste *geleistet* hat, sondern derjenige, der das meiste empfangen hat. Die Gnade, Liebe und Barmherzigkeit Gottes fließen reichlich durch ihn hindurch, weil er in völliger Abhängigkeit von ihm lebt.

Ich erinnere mich noch an einen Nachmittag vor vielen Jahren, als Gott diese Wahrheit in meinem Herzen lebendig werden ließ. Ich fuhr den New-Jersey-Boulevard hinunter und hörte im Radio einem älteren Geistlichen aus England zu, dessen Bücher mir als jungem Mann viel bedeutet hatten. Der Sender übertrug den Mitschnitt einer kürzlich gehaltenen Predigt im Rahmen eines Bibelkongresses in Amerika.

Der Kommentator berichtete davon, wie dieser Mann nach jahrelangem erfolgreichen Dienst als Lehrer und Exeget jetzt gezwungen war, auf Grund einer schlimmen chronischen Krankheit zu Hause zu bleiben. Durch diese Veränderung, die seinen normalerweise hektischen Terminplan, im Rahmen dessen er Vorträge hielt, Reisen machte und schrieb, auf den Kopf stellte, glitt er ganz langsam in eine Depression. Er kämpfte dagegen an, indem er seine ganze Aufmerksamkeit auf das Wort Gottes richtete, was allerdings auf Grund seiner Krankheit nicht einfach war.

> Der größte Christ ist nicht derjenige,
> der das meiste geleistet hat,
> sondern derjenige, der am meisten empfangen hat.

„Plötzlich", so berichtete er, „schien es so, als ob ein Gullideckel geöffnet worden wäre und eine übler Schwall von Versuchungen, Irritationen und bösen Gedanken daraus hervorschoss, um mich fertig zu machen." Dieser Mann war nun ein anerkannter und beachteter Bibellehrer, der gegen Dinge kämpfen musste, mit denen er jahrelang nichts zu tun gehabt hatte. Seine Stimme brach beinahe, als er über den Schrecken sprach, dass er sogar versucht war zu fluchen, etwas, womit er noch nie im Leben Probleme gehabt hatte, nicht einmal in der Zeit, bevor er Christ geworden war.

„Woran liegt das?", schrie er zum Herrn. „Nachdem ich dir jetzt schon so lange diene und mich auch schon so lange mit der Bibel beschäftige, warum muss ich jetzt diesen verzweifelten Kampf führen?"

Als er mit dieser Frage vor Gott stand, machte dieser ihm klar, dass sein grundlegendes menschliches Wesen sich nie geändert hatte. Natürlich „Wenn ... ein Mensch zu Christus gehört, ist er schon ‚neue Schöpfung'" (2 Kor 5,17) – aber nur weil *Christus* in ihm ist als der Erlöser und Helfer.

An diesem Nachmittag fuhr ich auf den Seitenstreifen und weinte. Einer meiner großen Glaubenshelden hatte mich durch seine Verletzlichkeit wirklich umgehauen. Irgendwie musste auch ich zugeben, dass auch der Mann Jim Cymbala sich nie verändert hatte, der „alte Mensch", das Fleisch, mein sündiges Wesen. Ohne die Gnade und Macht Gottes gab es auch für mich keine Hoffnung.

Die Wahrheit ist, dass Gott nie an unserem „Fleisch" oder unserem alten Wesen arbeitet – so verdorben ist es. Das ist auch der Grund, warum wir während unserer ganzen langen Pilgerreise hier auf der Erde die Kraft und Macht seines Heiligen Geistes brauchen. Wir gelangen nie an den Punkt, an dem wir siegreich leben können und nicht mehr auf diese täglich neue Gnade in unserem Leben angewiesen sind. Nur der Geist kann *seine* Frucht in uns und durch uns hervorbringen und uns dadurch zu den Menschen machen, als die Gott uns gedacht hat. Und Gott muss uns immer wieder und regelmäßig deutlich machen, wie sehr wir auf diese Unterstützung angewiesen sind.

Selbst der große Apostel Paulus musste diesen scheinbaren Widerspruch erfahren, dass die Stärke Gottes gerade in der persönlichen Schwäche erkennbar wird. In seinem 2. Brief an die Gemeinde in Korinth schreibt er: „Aber der Herr hat zu mir gesagt: ‚Du brauchst nicht mehr als meine Gnade. Je schwächer du bist, desto stärker erweist sich an dir meine Kraft.' Jetzt trage ich meine Schwäche gern, ja ich bin stolz darauf, weil dann Christus seine Kraft an mir erweisen kann. Darum freue ich mich über meine Schwächen, über Mißhandlungen, Notlagen, Verfolgungen und Schwierigkeiten. Denn gerade wenn ich schwach bin, dann bin ich stark" (2 Kor 12,9–10).

Paulus versucht hier nicht, einfach nur übermäßig bescheiden zu sein oder sich selbst herabzusetzen. Er hat das Geheimnis entdeckt, dass wir nur als empfangende Gefäße geschaffen wurden – dass wir nämlich von uns selbst aus über keinerlei Kraft verfügen, sondern völlig davon abhängig sind, dass Gott uns Stunde um Stunde mit allem füllt, was wir brauchen. Paulus wusste auch, dass Gott alle möglichen Probleme und Prüfungen benutzt, um unsere Sensibilität dafür zu verstärken, dass wir durch den Glauben an göttliche Kraftquellen angeschlossen werden und sie nutzen können.

Geben Sie heute nicht auf, nur weil Sie sich schwach und überwältigt fühlen – genau das ist nämlich der Punkt, an dem die Kraft Gottes Sie aufrichtet, wenn Sie nur glauben und den Herrn in völliger Abhängigkeit darum bitten. Kindlicher Glaube an Gott gefällt ihm nicht nur, sondern er ist außerdem das Geheimnis unserer besonderen Kraft und Stärke.

„Hilf mir, Herr!"

Wenn wir nur gegen die Symptome des Unglaubens angehen – die verschiedenen Ausbrüche von Sünde in unseren Gemeinden beispielsweise –, dann werden wir niemals an seine Wurzel, die eigentliche Ursache gelangen. Deshalb bringt Gesetzlichkeit niemals echtes geistliches Leben hervor. Vielleicht tut es das im betreffenden Augenblick scheinbar, aber es ist nicht von dauerhafter Wirkung. Christen werden nur dadurch stark, dass sie die Gnade Gottes, die durch den Glauben empfangen wird, erkennen und verstehen.

Vor ein paar Jahren machte ich mit meiner Enkelin Susie einen Spaziergang, als ein paar obdachlose Männer auf uns zukamen. Susie bekam Angst und fühlte sich bedroht. Sie ging bereits an meiner Hand, aber in diesem Augenblick drückte sie sich ganz eng an mich und hielt sich an meinem Hosenbein fest. „Opa", flüsterte sie. Natürlich legte ich meinen Arm um sie und sagte, dass alles in Ordnung sei. Die Männer gingen einfach an uns vorbei.

Innerlich war ich unglaublich bewegt. Dieser spontane Reflex, von mir Hilfe zu erwarten, bedeutete, dass sie glaubte, ich würde mit allem und jedem fertig werden. Das war ein unglaublich kostbares Geschenk. Sie machte mir deutlich, dass sie tiefes Vertrauen zu mir hatte. Ich würde sie retten. Ich würde mich um ihre vordringlichen Bedürfnisse kümmern. Ich würde auf sie aufpassen.

> Wenn wir nur gegen die Symptome des Unglaubens vorgehen – die verschiedenen Ausbrüche von Sünde, werden wir niemals zu ihrer Wurzel, zur eigentlichen Ursache vordringen. Gesetzlichkeit bringt nie echtes geistliches Leben hervor.

Und genau darüber freut sich auch Gott. Er freut sich, wenn wir zu ihm hinrennen und uns ihm in Form von vertrauensvollen Gebeten in seine Arme werfen. Er möchte nicht, dass wir allein losziehen und versuchen, uns Pluspunkte bei ihm zu erarbeiten, sondern er möchte, dass wir uns bei ihm anlehnen, dass wir so nah wie möglich neben ihm gehen. Er ist gar nicht so sehr an dem interessiert, was wir *tun,* sondern vielmehr daran, dass wir von ihm *empfangen.* Denn was können wir schließlich tun oder sagen oder schaffen, ohne zuvor an Gottes Thron seine Gnade in Empfang zu nehmen, die uns in Zeiten der Not hilft (vgl. Hebr 4,16)? Und Empfangen können wir nur im Glauben.

Vielleicht sollten Sie noch heute aufhören, aus eigener Kraft zu kämpfen. Lassen Sie los und rufen Sie Gott an in einem ganz einfachen, schlichten, kindlichen Glauben. Denken Sie daran, dass noch nie jemand enttäuscht worden ist, der sein Vertrauen auf ihn gesetzt hat. Nicht ein einziger Mensch in der gesamten Weltgeschichte hat sich jemals auf Gott verlassen und dann erlebt, dass er von Gott im Stich gelassen wurde. Niemals! Nicht ein einziges Mal!

Stellen Sie sich der Tatsache, dass das Problem oder die Not wahrscheinlich viel zu groß ist, als dass Sie allein damit fertig werden könnten. Benutzen Sie die Tatsache Ihrer eigenen Unfähigkeit als Sprungbrett zu einem neuen Vertrauen in Gottes unfehlbare Versprechen.

„Deshalb soll jeder, der dir die Treue hält,
zu dir beten, wenn er in Not gerät.
Wenn sie ihn dann bedrängen wie eine Flut,
wird sie ihn nicht verschlingen können.
Bei dir finde ich Schutz;
du hältst die Not von mir fern
und läßt mich jubeln über meine Rettung.

Der Herr hat mir geantwortet:
‚Ich sage dir, was du tun sollst,
ich zeige dir den richtigen Weg.
Ich lasse dich nicht aus den Augen.
Sei doch nicht unverständig
wie ein Maultier oder Pferd!
Die musst du mit Zaum und Zügel bändigen,
sonst folgen sie dir nicht.'

Wer Gottes Gebote mißachtet,
schafft viel Kummer;

aber wer dem Herrn vertraut,
wird seine Güte erfahren.
Ihr, die ihr dem Herrn gehorcht,
freut euch und jubelt über ihn!
Alle, die zu ihm halten,
sollen vor Freude singen!"
(Ps 32,6–11)

Teil II

Hindernisse überwinden

Kapitel 4

Frei von einer schmerzlichen Vergangenheit

Alles Reden über den Glauben und die Versprechen Gottes ist ganz wunderbar, nur habe ich manchmal das Gefühl, dass es bisweilen auf taube Ohren stößt. Viele Menschen leben mit den Narben der Wunden vergangener Tage. Das Leben ist nicht freundlich zu ihnen gewesen. Der Gedanke, dass Gott um ihretwillen und zu ihren Gunsten machtvoll handeln könnte, scheint ihnen zu schön, um wahr zu sein. *Vielleicht ist das ja bei anderen so, aber für mich gilt es bestimmt nicht. Die Gebete der anderen werden vielleicht erhört, aber meine nicht. Nichts kann mein Leben jetzt noch verändern. Es ist zu viel passiert, es ist schon zu viel schief gegangen ...*

Wenn ich solchen Menschen begegne, denke ich immer an das besonderes Geheimnis im Leben von Josef.

Die meisten Leser werden die Geschichte zwar schon kennen, aber ich möchte sie doch noch einmal erzählen, um zu zeigen, wie Josef in einer Familie aufwächst, die man heute als im klassischen Sinne dysfunktional, also gestört, bezeichnen würde.

Schon die Lebensumstände in seiner Kindheit sind weitgehend außerhalb seiner Kontrolle. Schließlich ist er der elfte von zwölf Söhnen – steht also irgendwo ganz weit hinten in der brüderlichen Hackordnung, und dann ist er auch noch der Liebling seines Vaters, der ihn den anderen vorzieht. Aus irgendeinem Grund bringt etwas an Josef eine Saite in Jakob zum Schwingen. Der Junge wird geboren, als der Vater schon sehr alt ist, und er ist der Erstgeborene von Jakobs geliebter Frau Rahel.

All diese Aufmerksamkeiten erweisen sich für Josef jedoch eher als Fluch denn als Segen. Der besondere Mantel, den er von seinem Vater bekommt, sorgt für Aufsehen und hebt ihn hervor. Je mehr Jakob seinen Jüngsten verwöhnt, desto mehr hassen ihn seine älteren Brüder

(Geschwister haben die Eigenart, jede auch noch so kleine Ungleichbehandlung zu registrieren und sich darüber zu ärgern.)

Als Josef 17 Jahre alt ist, verpetzt er seine Brüder wegen irgendetwas, das sie auf dem Feld getan haben (vgl. Gen 37,2). Das verbessert seine Lage ganz offensichtlich nicht. Keiner mag Petzer, besonders dann nicht, wenn sie auch noch Vaters Liebling sind.

Und als wäre das alles noch nicht genug, fängt Gott an, Josef Träume über die Zukunft zu geben. Darum hat Josef nicht gebetet; es passiert einfach.

In seinem jugendlichen Eifer macht er den Fehler, über diese Träume zu reden – die grünen Garben, die sich vor seiner Garbe verbeugen, und Sonne, Mond und Sterne, die sich vor ihm verneigen. Bei dieser letzten Nummer regt sich sogar sein Vater auf. „Komm zur Vernunft, Junge!", sagt Jakob (ich umschreibe hier). „Was willst du damit sagen – vielleicht, dass du die ganze Familie anführen wirst? Dass deine Mutter und ich und alle deine Brüder sich vor dir verneigen?"

„Ich weiß nicht, was es bedeutet, Papa. Ich erzähle ja nur, was ich geträumt habe."

Ganz offensichtlich funktioniert diese Familie nicht so ganz reibungslos. Und all diejenigen, die in ihrer Kindheit oder Jugend negative Erlebnisse hatten, und alle, die einmal von Familienmitgliedern verletzt worden sind, werden das nachvollziehen können.

Josefs Brüder lassen kein gutes Haar an ihm und haben nie ein freundliches Wort für ihn übrig. Und all das fordert einen Preis.

Ein Plan nimmt Gestalt an

Eines Tages wird Josef losgeschickt, um nach seinen Brüdern zu sehen, die auf dem Feld bei den Herden sind. Nach ein paar Zwischenstopps findet er sie in der Nähe von Dothan. Schon aus der Ferne erkennen sie ihn an seinem bunten Mantel. „Da kommt ja Papas Liebling", sagt einer von ihnen, und wieder kocht der Zorn hoch.

Sie sind ganz allein auf weitem Feld, eine perfekte Kulisse für Rache, und innerhalb von Minuten nimmt ein Plan Gestalt an. Sie werden ihn nicht einfach ignorieren, ihn beschimpfen oder gar schlagen, nein, *diesmal werden sie ihn töten*.

Innerhalb von Sekunden packen sie ihn und reißen ihm den verhassten Mantel vom Leib. Josef, zu der Zeit noch ein Teenager, wehrt sich zweifellos nach Kräften, doch er kämpft vergebens; er ist eindeutig in der Minderzahl und wird zusammengeschlagen. Einige der Brüder wollen ihn sofort umbringen, aber Ruben, der Älteste, macht den Vorschlag, ihn in eine Zisterne zu werfen, das ist ein tiefes Loch im Boden, in dem sich Wasser sammelt. Gesagt, getan, und während er in das Schlammloch hinunterrutscht, hämmert sein Herz in Panik, und er spürt den Hass der Brüder eben über sich.

Josef, der ein sensibler junger Mann ist, kann hören, dass seine älteren Brüder darüber beraten, wie sie ihn am besten umbringen sollen. Stellen Sie sich nur das seelische Trauma vor, wie er da hilflos in dem Loch kauert und sich so etwas von den eigenen Brüdern anhören muss. Was für ein Schlag für seine junge Seele!

Inzwischen haben sich seine Brüder kaltblütig hingesetzt, um zu essen (Gen 37,25).

Während sie essen, kommt eine Handelskarawane vorbei, und da hat der ältere Bruder Juda eine glänzende Idee. „Hört mal, Jungs, es ist doch viel weniger Aufwand, wenn wir ihn diesen Händlern als Sklaven verkaufen, statt ihn selbst umzubringen. Und dabei springt sogar noch ein bisschen für uns selbst heraus."

Stellen Sie sich vor, wie Josef von seinen Brüdern wieder aus dem Loch herausgezogen wird, seine Kleider völlig verdreckt und zerrissen. Stellen Sie sich seine weit aufgerissenen Augen vor, als seine Brüder mit den Händlern schachern. „Sieht doch gut aus, der Junge, oder? Wie viel würdet ihr für ihn zahlen? Nur 12 Schekel? Na, also wirklich – der ist viel mehr wert! Mindestens 25."

Josef ist inzwischen wie betäubt. Seine eigenen Brüder verkaufen ihn. Das Feilschen geht weiter. Schließlich einigen sie sich auf 20 Schekel. „Verkauft!"

Er beobachtet, wie die Silberstücke abgezählt werden. Tränen schießen ihm in die Augen. Das kann doch alles gar nicht wahr sein, oder? Er wird nie wieder nach Hause zurückkommen. Die Fremden packen ihn grob an, behandeln ihn wie einen Gegenstand und schubsen ihn in Richtung ihrer Karawane.

(Es ist gut, dass Josef nicht erfährt, was seine Brüder sagen, als sie nach Hause zu Jakob kommen: „Schau mal, Vater! Wir haben Josefs

Mantel gefunden mit all dem Blut daran. Sieht ganz so aus, als ob etwas Furchtbares passiert ist." Und dann bricht der Vater zusammen, weint Tränen der Trauer und des Schmerzes, und sie haben auch noch die Stirn, so zu tun, als trauerten sie mit ihm. „Gott sei mit dir, Vater. Es ist schwer, wir wissen! Er war ein wunderbarer Bruder ..." Wirklich ganz reizende junge Männer.)

Trotzdem eine Zukunft?

Im Buch Genesis, Kapitel 39, Vers 2 heißt es über Josef: „Gott aber half ihm." Als Josef auf dem Sklavenmarkt in Ägypten zum Verkauf feilgeboten wird, erwirbt ihn Potifar, der ein Mann mit Prestige und Vermögen ist.

Und dann passieren im Laufe der Wochen und Monate merkwürdige Dinge. Josefs Herr bemerkt, dass anscheinend alles, was der junge Hebräer anpackt, gelingt. Potifar stellt fest, dass er dem jungen Sklaven vertrauen kann, und überträgt ihm nach und nach immer mehr Verantwortung. Nach einer Weile ist er oberster Verwalter des Hauses.

Das einzige Problem besteht darin, dass Potifars Frau offenbar ein Auge auf Josef geworfen hat, der ein bisschen zu jung und zu hübsch ist, als dass sie ihn übersehen könnte. Sie unternimmt Annäherungsversuche, die er geflissentlich übersieht, ohne dass sie sich dadurch allerdings entmutigen lässt. Sie flirtet weiter mit ihm, bis zu dem Tag, an dem ihr Mann bei der Arbeit und auch sonst niemand in der Nähe ist – sie ist mit Josef allein. Plötzlich greift sie nach ihm, packt ihn beim Mantel und besteht darauf, dass er sich ihren Wünschen fügt.

Aber Josef will weder Gott noch Potifar Schande machen, indem er mit der Frau seines Herrn schläft. Wenn er die Anerkennung Gottes verliert, dann verliert er damit gleichzeitig alles, was ihm im Leben etwas wert ist. Er windet sich schnell und geschickt aus seinem Mantel und rennt zum Ausgang. (Eigentlich merkwürdig, dass in Josefs Geschichte wiederholt Mäntel eine Rolle spielen, oder?)

Natürlich fühlt sich Potifars Frau gedemütigt und fängt sofort an zu schreien: „Vergewaltigung, Vergewaltigung!" Die anderen Sklaven kommen herbeigestürzt, und als es Abend wird, bekommt auch Potifar von ihr die verdrehte Version der Geschichte zu hören. Am folgenden

Tag ist Josefs Leben zum zweiten Mal ein Trümmerhaufen, denn er wird prompt verhaftet und ins Gefängnis gesteckt.

Was denkt er jetzt? *Wie konnte das nur passieren? Warum?!* Aber sogar im Gefängnis ist Gott bei Josef. Seine Begabung und seine Ehrlichkeit kommen wie die Sahne in der Milch immer nach oben und sammeln sich dort an der Oberfläche. Dem Gefängniswärter fallen nach und nach die gleichen Eigenschaften auf, die auch bereits Potifars Aufmerksamkeit erregt haben. Es dauert nicht lange und Josef ist für den gesamten Zellentrakt zuständig. Dieser Ort ist ganz sicher nicht so gemütlich wie Potifars Haus, aber zumindest hat Josef ein bisschen Handlungsfreiraum.

Monate vergehen. Josef liegt nachts wach und denkt darüber nach, was um alles in der Welt bloß mit ihm passiert ist. Die Katastrophe damals an dem besagten Tag auf dem Feld bei Dothan ... die Reise mit der Karawane nach Ägypten ... seine Hoffnungen, die vernichtet wurden, als er für Potifar arbeitete. Und jetzt ist er ein Knastbruder. Seine Familie hat keine Ahnung, wo er ist, und die meisten Familienmitglieder wollen es auch gar nicht wissen. Es gibt kein Gesetz oder keine Verordnung, auf die er sich berufen könnte, keinen Pflichtverteidiger. Wo ist Gott in all dem? Wie sollen sich seine Träume denn jemals bewahrheiten?

> Josef liegt jede Nacht wach und denkt darüber nach, was ihm alles widerfahren ist. Wo ist Gott in all dem?

Eines Tages wird eine Gruppe neuer Gefangener eingeliefert. Der Pharao ist verärgert über seinen Bäcker und seinen Mundschenk (das ist der Mann, der den Wein des Pharao vorkosten muss, um sicher zu gehen, dass dieser nicht vergiftet wurde – eine echt tolle Art, seinen Lebensunterhalt zu verdienen). Die beiden werden also ins Gefängnis geworfen und haben in derselben Nacht jeweils einen Traum. Der des Bäckers hat mit Backwaren zu tun, der des Mundschenks mit Wein. Beide haben die Vermutung, dass ihre Träume eine tiefere Bedeutung haben, aber sie wissen nicht, welche.

Da kommt Josef mit einer von Gott geschenkten Deutung der beiden Träume ins Spiel. Die eine Deutung sagt ein schreckliches Ende voraus, die andere ein glückliches. Beide Deutungen treffen zu.

Als der Mundschenk zur Tür hinaus in die Freiheit tanzt, sagt Josef: „Bitte, mein Freund … denk an mich, wenn du hier raus bist, okay? Ich sitze hier, obwohl ich nichts verbrochen habe. Ich bin wirklich zu Unrecht eingesperrt."

„Klar. Mach dir keine Sorgen – du kannst auf mich zählen." Josefs Herzschlag setzt vor lauter Erwartung einmal aus. Vielleicht wird das ja der große Durchbruch?!

Noch mehr Dunkelheit

Aber so unglaublich es auch scheint, der Mundschenk „vergisst" die ganze Geschichte. Und Josef sitzt weitere zwei lange Jahre in seiner Zelle.

Und da meinen wir, wir hätten Probleme, wenn es in unserem Leben Menschen gibt, die uns nicht zu schätzen wissen?! Wie würde es Ihnen gefallen, wenn Sie jemandem helfen und diese Person vergisst dann ganz schnell, dass es Sie überhaupt gibt?

Zwei Jahre später schreitet Gott ein, um menschliche Unzulänglichkeit doch noch wettzumachen. In dieser Zeit hat der Pharao selbst einen lebhaften Traum. Es ist eigentlich sogar ein Zweiteiler oder vielleicht ein Traum in Überlänge. Zuerst sieht er sieben fette Kühe aus dem Nil steigen, gefolgt von sieben mageren Kühen, die die fetten Kühe verschlingen. Dann sieht er in etwa noch einmal das Gleiche, diesmal allerdings mit Getreideähren. Er ruft die besten Zauberer und Wahrsager Ägyptens zusammen – eine Besonderheit der ägyptischen Kultur damals – und bittet um die Auslegung seiner Träume. Doch die Herbeigerufenen sind völlig verwirrt.

Ein wenig abseits steht der Mundschenk und murmelt etwas vor sich hin: „Träume … Träume … da war doch was … ach ja, jetzt erinnere ich mich, Pharao! Es gibt da einen jungen Hebräer im Gefängnis, den ich völlig vergessen hatte. Er hat erstaunliche Fähigkeiten im Deuten von Träumen."

Und so kommt es, dass Josef schließlich vor dem kaiserlichen Thron steht und sagt: „… Nicht ich … Die Antwort kommt von Gott, und er wird dem Pharao bestimmt etwas Gutes ankündigen" (Gen 41,16). Josef gibt nun eine Ernteprognose für die kommenden 14 Jahre. Die ersten sieben Jahre werden gesegnet sein und überreiche Ernten bringen, aber dann werden sieben Jahre Hungersnot und Mangel folgen. Josef prognostiziert, dass der Pharao bei einer guten Planung nicht nur Hunger im eigenen Land vermeiden, sondern die umliegenden Regionen sogar mitversorgen kann.

An diesem Tag wird Josef zum zweitmächtigsten Mann in ganz Ägypten. Der Pharao stattet ihn sofort mit Vollmachten aus, damit er alle nötigen Vorkehrungen treffen kann, um das Land vor einer Hungersnot zu bewahren.

Die Offiziellen bei Hofe sind erstaunt über diesen 30-jährigen jungen Hebräer, der aus dem Nichts gekommen ist und dem der Herrscher nun den goldenen Ring der Macht an den Finger steckt, eine goldene Kette um den Hals legt, einen Streitwagen zur Verfügung stellt und ihn dann in ein Leinengewand kleidet. (Endlich *bekommt* er einmal einen Mantel und diesmal auch noch einen sehr teuren!) Innerhalb von ein paar wenigen Stunden sind die Menschen verpflichtet, am Straßenrand niederzuknien, wenn sein Wagen vorbeifährt.

Die vorausgesagten Supererten stellen sich ein, und Josef hat alle Hände voll zu tun, die Überschüsse zu bewältigen und einzulagern. Alle Menschen im Nahen Osten, die Lagerraum suchen, blicken auf ihn. Manager warten vor seinem Büro auf ihn, Mitarbeiter schicken ihm monatliche Berichte. Seine Silos füllen sich mit Nahrungsmitteln für die Zukunft.

Endlich Rache?

Was hätten Sie mit all der Macht getan? Was würden Sie tun, wenn Sie jetzt an Josefs Stelle wären?

Ich sage Ihnen, was ich vielleicht getan hätte. Ich hätte gesagt: „Kutscher, ich habe ein paar Dinge zu erledigen. Fahren Sie mich bitte rüber zum Haus von Frau Potifar. Ich habe noch eine Rechnung mit ihr zu begleichen. Die Frau hat mich für einen guten Teil meines Lebens in den Knast gebracht. Jetzt ist Zeit für die Abrechnung!"

Dann wäre ich zum Palast zurückgefahren und hätte zum Pharao gesagt: „Entschuldigen Sie, aber ich brauche eine Woche Urlaub, wenn es Ihnen recht ist. Ich will mit ein paar Armeeeinheiten nach Kanaan ziehen, denn ich warte schon seit langer, langer Zeit darauf, meinen Brüdern einen kleinen Besuch abzustatten." Ach, das wäre toll gewesen – endlich doch noch Rache!

Aber Josef tat nichts dergleichen.

Die Bibel berichtet: „Noch ehe die Hungerjahre begannen, gebar Asenat dem Josef zwei Söhne. ‚Gott hat mich alle Not und den Verlust meiner Familie *vergessen* lassen ...'" (Gen 41,50–51).

Er sagt nicht, dass er gelernt hat zu vergessen. Er sagt nicht, dass er sich zu einem Sieben-Schritte-Kurs angemeldet oder einen Psychologen aufgesucht hat. Sondern er sagt: *„Gott hat mich vergessen lassen."* Gott kann immer noch auf übernatürliche Weise Stellen anrühren, an die kein Therapeut herankommt.

Und Josef spricht hier auch nicht von einem Gedächtnisverlust. Die Fakten sind ihm ganz bestimmt nicht entfallen, aber Gott hat ihnen den Stachel genommen, sodass keine Bitterkeit entstehen konnte. Die Versuchung, gemein zu werden, war überwunden. Gott reinigte Josefs Denken von allen Rückständen, die dort nach all der erlittenen Misshandlung eigentlich hätten gären müssen. Was hätten ihm seine Stellung und sein Reichtum gebracht, wenn er ein verbitterter, zorniger Mann geworden wäre?

Eine der subtilen Methoden des Teufels, uns zu behindern, besteht darin, uns immer wieder die alten üblen Tonbänder in unserem Kopf abspielen zu lassen. Menschen liegen nachts wach im Bett und sehen sich auf ihrer inneren Leinwand alte Filme an. Sie fahren Auto und schauen aus dem Fenster, sehen aber nichts, sondern haben Tagträume darüber, wie sie einmal von jemandem verletzt wurden, wie sie ausgenutzt wurden oder wie ihnen Leid zugefügt wurde. Immer wieder spielen sie in ihrem Inneren die verletzenden Worte ab, die einmal zu ihnen gesagt wurden. Schreckliche, hässliche Szenen werden Stunde für Stunde, Tag für Tag, Jahr für Jahr wiederholt.

> Gott kann dafür sorgen, dass Sie vergessen. Er macht die Ereignisse nicht ungeschehen, aber er kann Sie von dieser Lähmung durch die Vergangenheit befreien.

Vielleicht werden Sie von schmerzlichen Kapiteln aus Ihrer Vergangenheit verfolgt. Vielleicht haben Sie wirklich Schreckliches erlebt. Vielleicht lag manches davon wirklich völlig außerhalb Ihrer Kontrolle. Aber wie auch immer es gewesen sein mag, ich möchte, dass Sie ohne den Hauch eines Zweifels wissen, dass Gott Sie vergessen lassen kann. Er macht die Ereignisse nicht ungeschehen, aber er kann sie von der Lähmung durch die Vergangenheit befreien.

Ich habe ja bereits an anderer Stelle von Amalia erzählt – allerdings war das noch nicht die ganze Geschichte. In der ersten Zeit nach ihrer Umkehr sah ich sie jeden Sonntag, wenn ich nach vorn ging, um zu predigen, auf demselben Platz auf der Empore sitzen. Ich freute mich jedes Mal von Herzen, wenn ich sah, wie sie mit erhobenen Händen Gott lobte und dann aufmerksam auf das Wort Gottes hörte.

Jeden Montagabend ging sie in einen Hauskreis für neue Christen. Sie veränderte sich rasant.

Dann eines Sonntags, ein paar Monate später, war sie nicht im Gottesdienst. Ich war besorgt und betete im Stillen: „Herr, bitte pass auf Amalia auf!"

Am darauf folgenden Sonntag war sie wieder da. Ich sah sie im großen Vorraum. „Hallo, Pastor Cymbala", sagte sie mit einem breiten Lächeln.

„Hallo, Amalia. Ich habe Sie letzten Sonntag vermisst. Ist alles in Ordnung?"

„Ja, ich war verreist. Wissen Sie, Sie haben doch über die Liebe Gottes und über Vergebung gepredigt – also habe ich den Bus genommen und bin zu meinem Vater gefahren."

Zu ihrem Vater? Ich war völlig verblüfft, dass sie ihn überhaupt erwähnte.

„Ja, ich musste einfach. Er lebt mit meiner Schwester oben im Staat New York in einem kleinen Wohnwagen und trinkt tagein, tagaus Bier. Ich habe mich gezwungen, ihn nach all den Jahren zu besuchen."

„Und wie war es? Was haben Sie ihm gesagt?", fragte ich. Das war wirklich das Letzte, was ich vermutet hätte.

„Ich war ziemlich nervös, und nach dem Abendessen habe ich dann endlich gesagt: ‚Papa, ich muss mit dir reden, und ich möchte, dass du zuhörst, denn es ist mir sehr ernst. Weißt du, ich erinnere mich genau an alles, was passiert ist, als ich noch ein kleines Mädchen war. Die

Jahre damals waren wirklich hart, und ich gebe zu, dass ich dich dafür gehasst habe –'

‚Mach dir deshalb keine Sorgen', warf er ein. ‚Das ist schon so lange her; darüber brauchen wir doch nicht mehr zu reden!'

Ich spürte, wie wieder Zorn in mir anschwoll, behielt aber die Fassung und fuhr fort: ‚Doch, Papa, das müssen wir. Es hat mir wirklich weh getan und so oft hätte ich dich am liebsten umgebracht … Aber ich bin dieses Wochenende hergekommen, weil ich dir erzählen wollte, dass ich Christ geworden bin. Ich habe mein Herz für Jesus geöffnet und er hat mein Leben verwandelt. In all meinen Alpträumen warst du die Hauptperson. Jeden Tag habe ich an dich gedacht. Aber jetzt hat Gott mich vergessen lassen … Was du getan hast, war falsch, Papa, aber ich hasse dich nicht mehr. Ich vergebe dir! Gott kann auch dein Leben verändern und dir vergeben, Papa. Ich hab dich lieb! …'"

Bei diesen Worten seiner eigenen erwachsenen Tochter hatte sich der Mann in seinem Stuhl gewunden und schnell das Thema gewechselt, um die Atmosphäre wieder aufzulockern. Er hat sich nie entschuldigt. Das Gespräch erwies sich als einseitig und das war für Amalia unglaublich enttäuschend. Der Rest des Besuches verging ohne den erhofften Durchbruch oder gar eine Versöhnung.

Aber als Amalia wieder nach Hause kam, hatte sie innerlich Frieden, weil sie das Richtige getan hatte. Und die Saat für Gottes Wort war gelegt.

Es ist Zeit zu vergessen

Es gibt nur einen einzigen Grund, warum Amalia sich so verhalten konnte: Gott ist ein Gott des Manasse. Er ist der Gott, der uns vergessen lassen kann.

Wenn Sie durch Ihre Vergangenheit gelähmt sind, wenn der Satan Ihre Gaben zerstört und Ihre Berufung raubt, indem er pausenlos alte Tonbänder abspielt, dann haben Sie wirklich einen Doppelschlag abbekommen. Der ursprüngliche Schaden aus der Vergangenheit ist die eine Sache – aber jetzt lassen Sie sich noch einmal weh tun und durch die Erinnerung an das, was geschehen ist, lahm legen.

Denken Sie an all die Menschen in den Gemeinden von heute, die immer irgendwie „neben der Spur" sind – in denen irgendein Zorn oder Ärger kocht. Oder denken Sie an andere, die ständig depressiv wirken, weil irgendwo irgendwann irgendetwas passiert ist. Solche hässlichen Erinnerungen sind wie Ketten, mit denen diese Menschen gefesselt sind. Wir sollten die Methoden des Teufels kennen und solche schlimmen Erinnerungen gehören zu den wichtigsten Waffen in seinem Arsenal.

Gott möchte Sie heute daran erinnern, dass derselbe Gott, der mit jeder Sünde fertig geworden ist und mit jeder falschen Tat, die Sie begangen haben, auch die Fähigkeit hat, Sie die negativen und verletzenden Dinge Ihres Lebens vergessen zu lassen. Die Gnade Gottes kann die Macht überwinden, mit der Sie von diesen Erinnerungen verfolgt werden.

> Menschen, die zu Gott gehören, machen oft die Erfahrung, dass die kostbarsten Früchte mitten in den größten Schwierigkeiten wachsen.
> Glaube gedeiht am besten an wolkigen Tagen.

Als Josef einen zweiten Sohn bekam, suchte er auch für diesen einen Namen mit Bedeutung aus. „Den Zweiten nannte er Ephraim, denn er sagte: ‚*Gott hat mir im Land meines Unglücks Kinder geschenkt*'" (Gen 41,52). Gott lehrte Josef, dass auch aus dem größten Schaden noch etwas Gutes werden kann, wenn man sein Leben in Gottes Hand legt. Geistlich kann man selbst in den härtesten Gegenden noch fruchtbar sein. Ja, Menschen, die zu Gott gehören, machen sogar oft die Erfahrung, dass die kostbarsten Früchte in scheinbar unüberwindlichen Situationen wachsen. Glaube wächst am besten an wolkigen Tagen. Vergessen Sie nie diesen Namen: *Ephraim* – „fruchtbar im Land meines Unglücks".

Jeder hat in seinem Leben Schmerzliches und Leid erlebt. In einer Stadt wie der, in der ich wohne, sind Gemeinheiten an der Tagesordnung. Aber man muss nicht in New York leben, um verletzt zu werden. Der Schmerz kann einem auch von der eigenen Familie zugefügt werden, von der Schwiegerfamilie oder von anderen Menschen, die einem viel bedeuten. Wenn Sie mit dieser Verletztheit weiterleben, wenn diese Tonbänder immer wieder in Ihnen ablaufen, dann wird Sie das lähmen. Jedes Mal, wenn der Heilige Geist Sie anschubst und auffordert, im Glauben aus diesem Schmerz herauszutreten und etwas zu tun, das Gott von Ihnen will, wird diese starke Bindung an die Vergangenheit Sie von dem abhalten, was Gott Ihnen in Ihrem Leben Gutes tun will.

Glauben Sie, dass Gott Sie befreien kann, oder wollen Sie Opfer Ihrer Vergangenheit bleiben? Gott ist der Gott des Manasse. Er kann Sie vergessen lassen. Treten Sie mutig vor seinen Thron der Gnade und bitten Sie ihn um die Gnade, Ihnen genau an der Stelle zu helfen, wo Sie es nötig haben.

Kapitel 5

Kann ich mich darauf verlassen, dass Gott mich führt?

Vielleicht fällt es nicht sofort ins Auge, aber die Art und Weise, wie wir im Leben Entscheidungen fällen, sagt viel darüber aus, wie unser Glaube an Jesus Christus aussieht. Die Art unserer Entscheidungsprozesse offenbart oft unsere „Glaubenstemperatur". Was sagt die Bibel zu diesem entscheidenden Thema?

Bei manchen Entscheidungen geht es natürlich um *moralische* Fragen. Beispielsweise ob ich Materialien von der Arbeitsstelle „mitgehen lassen" darf. Über solche Fragen brauchen wir nicht zu beten – sondern nur in der Bibel zu lesen. Es ist nicht nötig zu sagen: „Herr, ist es in Ordnung, wenn ich mich so und so zu meinem Sohn oder meiner Tochter verhalte?" Das sagt uns die Bibel schon.

Lügen ist falsch; man braucht Gott nicht um bestimmte Erkenntnisse in dieser Angelegenheit zu bitten. Dasselbe gilt fürs Hassen, für Vorurteile oder für das Thema Ehe mit einem Nichtchristen. Verliebte junge Frauen sagen manchmal zu ihrem Pastor: „Er ist zwar noch nicht gläubig, aber der Herr hat mir gezeigt, dass er nach der Hochzeit so weit sein wird." Das kann kein Wort von Gott sein, denn es widerspricht der in der Bibel offenbarten Wahrheit. Wenn etwas der Bibel widerspricht, ist es falsch. Vergeuden Sie nicht Ihre Zeit damit, darüber auch noch zu beten. Gott hat uns einen langen Brief mit allen möglichen ethischen Richtlinien und Anweisungen geschrieben. Wir brauchen diesen Brief nur zu lesen!

Jede moralische Entscheidung, jede vermeintliche Manifestation des Geistes, jede Predigt eines Predigers – mag er auch noch so klug oder noch so charismatisch sein – muss der Überprüfung am Wort Gottes standhalten können. Dadurch gewinnen unsere Theologie und unsere Praxis Gestalt und nicht durch irgendeine religiöse Tradition oder säkulare Philosophie.

Der vergessene Maßstab

Auf meinen Reisen durchs ganze Land bin ich immer wieder erstaunt, Christen zu begegnen, die nicht die Bibel als Leitfaden in geistlichen Angelegenheiten benutzen. Sie richten sich einfach nach der jeweiligen geistlichen Kultur, in die sie hineingeboren wurden, ohne diese sorgfältig mit der biblischen Vorgabe zu vergleichen. Ja, viele widmen sich ausschließlich der Aufgabe, ihre Art, Dinge zu sehen, zu verewigen, als ob sie es so in der Bibel gefunden hätten. Ihr Glaube ist schal, weil sie sich auf etwas anderes verlassen als den lebendigen Gott, der sich uns durch die Bibel offenbart.

Lassen Sie mich das mit folgender Geschichte illustrieren: Ich bin in einer Klinik in New York als Kind einer polnischen Mutter und eines ukrainischen Vaters geboren worden. Ich habe nicht darum gebeten, osteuropäische Eltern zu haben; ich habe auch nicht darum gebeten, weiß zu sein, sondern das war einfach die Situation meiner Geburt. Aus meiner Hautfarbe und Herkunft eine große Sache zu machen, ist völlig unsinnig; so bin ich nun mal der Vorsehung gemäß auf die Welt gekommen. Wenn Menschen sich über solche Dinge großartig auslassen und eine große Sache daraus machen, tun sie damit eigentlich nichts anderes, als ihr Ego aufzublähen. Dasselbe gilt für die Umstände unserer geistlichen Geburt. Die Gemeinde oder Denomination, in der für uns alles angefangen hat, ist einfach nur der Ort gewesen, an dem wir zu dem Zeitpunkt waren, als Gott uns rettete. Und genau wie bei unserer leiblichen Geburt wird unser Verständnis der Dinge geprägt und geformt von dieser ursprünglichen Umgebung. Die Atmosphäre unserer ersten Gemeinde mit ihren Pastoren und Lehrern setzt automatisch die Definitionen für viele Schlüsselbegriffe wie beispielsweise *Gebet, Gottesdienst, Gemeinde, Evangelisation, Macht Gottes, Glaube*, ja sogar für den Begriff des *Christen* selbst. Wir haben diese Prinzipien nicht aus der Bibel gelernt, sondern durch das, was wir um uns her in der Gemeinde gesehen und erlebt haben. Wir haben unbewusst ein baptistisches, lutherisches, pfingstlerisches oder sonstiges Verständnis wichtiger Grundbegriffe übernommen.

Bis heute kommen uns spontan bestimmte Gedanken und Vorstellungen, sobald wir die Begriffe hören – ob das von Gott nun so beabsichtigt ist oder nicht. Statt also wie ein Kind auf die Bibel zuzugehen und zu sagen: „Gott, lehre mich", suchen wir nach Munition, um unsere bereits bestehenden Standpunkte zu verteidigen und zu festigen. Wir sind im Grunde nicht offen für Veränderung und Entwicklung.

Die kleine Gemeinde, in die mich meine Eltern als Kind mitnahmen, hatte ein paar gute Eigenschaften, aber es war eine weiße Gemeinde, in die fast nur osteuropäische Einwanderer gingen. Sie lag mitten in Bedford-Stuyvesant, einem der bekanntesten Wohnviertel für Schwarze in ganz Amerika. Und die Gemeindemitglieder wollten ganz eindeutig, dass die Gemeinde blieb, wie sie war. Sie schienen absolut kein Interesse daran zu haben, dass Menschen dorthin kamen, die „anders" waren.

> Wenn wir einmal vor Gott stehen, werden wir nicht gefragt werden: „Warst du ein guter Evangelikaler" oder: „Warst du ein guter Charismatiker?" Worauf es wirklich ankommt, ist die Frage, ob wir unser geistliches Denken vom Wort Gottes prägen und gestalten lassen.

Ich habe dort viele biblische Wahrheiten gelernt, aber sollte ich mein Leben lang diese Tradition fortsetzen, nur weil es der Ort war, an dem ich anfing, etwas über Jesus zu lernen? Wenn ich einmal vor Gott stehe, werde ich nicht gefragt werden: „Warst du ein guter Evangelikaler?" oder: „Warst du ein guter Charismatiker?" Tatsache ist, dass Gott unsere Trennungen nicht anerkennt. Seine Berufung für uns besteht darin, Jesus ähnlicher zu werden, statt ein gutes Mitglied einer von Menschen gemachten Denomination zu sein.

Es kommt darauf an, ob wir ehrlich das Wort Gottes befragen und unser geistliches Denken und unsere geistlichen Werte davon bestimmen lassen. Das ist einer der schwersten Kämpfe im Leben von Christen: ohne vorgefertigte Meinung an die Bibel heranzugehen und uns durch sie gestalten und prägen zu lassen statt umgekehrt.

Ich liebe folgende Aussage des großen John Wesley, dem Katalysator der großen methodistischen Erweckung im 18. Jahrhundert: „Möge Gott doch bewirken, dass alle Parteiennamen und unbiblischen Aussagen und Formen, die je die christliche Welt gespalten haben, vergessen würden ... Ich würde mich freuen, ... wenn der Name [Methodisten] nie wieder erwähnt würde, sondern einfach in ewige Vergessenheit geriete."[1] Ein Jahrhundert später sagte der ebenso große Charles Spurgeon, oberster Baptistenprediger, von der Kanzel: „Ich sage über den Namen der Baptisten: Soll er doch vergehen, aber möge der Name Jesus ewig bleiben. Ich freue mich schon auf den Tag, wenn es keinen baptistischen[2] Lebensstil mehr gibt."

Solche Reden mögen vielleicht ein paar Illusionen zerstören, aber die Wahrheit ist doch: Weder Ihr noch mein persönlicher Hintergrund ist die Norm. Wir sollten das anstreben, was die Bibel lehrt. Immer, wenn wir mit etwas Neuem oder Unbekanntem konfrontiert sind oder mit etwas, das anders ist, dann sollten wir uns nicht fragen: „Kenne ich das aus meiner Gemeinde?", sondern vielmehr: „Steht das in der Bibel?"

Was ist mit den Grauzonen?

Bei manchen Entscheidungen im Leben gibt es keine eindeutig in der Bibel zitierbaren Antworten, sondern sie erfordern *geheiligtes Nachdenken*.

Die Bibel sagt beispielsweise nicht ausdrücklich, dass man jeden Tag pünktlich zur Arbeit erscheinen soll. Wenn wir aber den Grundsatz Gottes vom Säen und Ernten richtig verstehen, dann werden wir pünktlich sein. Und außerdem sollten wir unsere Arbeit immer so tun, als täten wir sie für den Herrn persönlich.

In der Bibel gibt es keine Gebrauchsanweisung für den Umgang mit dem Ehepartner in jeder nur erdenklichen Situation. Aber wenn Ihr Ehepartner entmutigt ist oder traurig, ist es dann nicht klug, sie/ihn zu trösten und ihr/ihm Mut zu machen?

Wenn wir nun diese Grundlage haben, was ist dann mit einer dritten Art von Entscheidungen, in denen es keine Richtig/falsch-Anweisung gibt und auf die auch keine Bibelstelle konkret anwendbar ist? Es gibt so viele Weggabelungen, an denen wir Entscheidungen treffen müssen. Was sollen wir tun, wenn wir in allem Gottes Willen tun wollen?

Viele Menschen treffen solche Entscheidungen heutzutage, ohne auch nur auf die Idee zu kommen, Jesus zu fragen. Sie sind der

Meinung, dass Ihr Handeln dem Willen Gottes entspricht, so lange sie nicht lügen, töten oder Ehebruch begehen. Sie treffen auch andere wichtige Entscheidungen auf der Grundlage ihres gesunden Menschenverstandes – oder vielleicht nicht einmal auf der. „Mir war eben so!", „Meine Freunde machen es auch so" oder: „In meiner Welt nennt man das ‚Erfolg.'"

Wenn wir Gott nicht in unsere Entscheidungen einbeziehen, dann leben wir nicht wirklich im Glauben an ihn. Statt Gottes unendliche Weisheit anzuzapfen, verlassen wir uns auf unser beschränktes menschliches Denken. Ist es nicht verrückt zu glauben, dass Gott, der seinen einzigen Sohn für uns opferte, auch an den Einzelheiten unseres Lebens interessiert ist?

Ein Christ, der wirklich an Gott glaubt, wird ernsthaft beten, um den Willen Gottes zu erfahren, wenn er

- eine neue Stelle angeboten bekommt.
- mit einem schwierigen Kind umgehen muss.
- eine Schule für seine Kinder aussuchen muss.
- einen Umzug plant. Wenn man eine Stelle in einem anderen Bundesland angeboten bekommt, ist das ausschließlich eine Sache von höherem Verdienst? Lässt man sich von einer Hochglanzbroschüre locken? Geht es nur noch um beruflichen Erfolg, um Karriere?
- plant zu heiraten und einen Partner(in) sucht. (Tipp: Wahrscheinlich werden Sie seinen/ihren Namen nicht in der Bibel finden!)
- ein Haus kaufen will. Gott hat einen Plan für unser Leben, der so detailliert ist wie für jede Gestalt der Bibel. Er möchte uns davor bewahren, zur falschen Zeit am falschen Ort zu sein.
- irgendeinen Dienst in der Gemeinde übernimmt, sei es im Chor, in der Kinder- und Jugendarbeit oder in der Arbeit mit jungen Paaren.

Der allwissende Schöpfer des Universums *möchte* uns in diesen Angelegenheiten Orientierung bieten und den Weg zeigen. Er hat einen Plan, wo wir hingehören und wo wir nicht hingehören. Deshalb sollten wir um seine Führung bitten.

Ein Herz, das nach Gott fragt

Eines der besten Beispiele dafür, wie ein gottesfürchtiger Mensch nach dem Willen Gottes fragt, ist David, als er in Keila eine wichtige Entscheidung treffen muss. Die relativ unbekannte kleine Geschichte steht im 23. Kapitel des 1. Buches Samuel und spielt in der Zeit, als David auf der Flucht vor König Saul war. Für David war es schon schwierig genug, seine eigene kleine Gefolgschaft vor der israelischen Armee zu beschützen – aber dann sprach sich herum, dass diese spezielle Stadt von den Philistern bedroht wurde.

Bevor er aktiv wurde, fragte er Gott: „Soll ich [die Philister] angreifen?" (Vers 2). Beachten Sie, dass er nicht einfach davon ausging, dass er immer und überall siegen würde, nur weil er einmal vom Propheten gesalbt worden war. Er wusste, wie wichtig es war, sich in jeder neuen Situation von Gott Orientierung zu holen und sich leiten zu lassen. Nicht jede Möglichkeit zu einer Schlacht bedeutete, dass er sie auch ergreifen sollte.

Das gilt auch für uns heute. Nicht jedes christliche Anliegen, nicht jede Bitte um eine Spende – so gut das Anliegen dahinter auch sein mag – bedeutet automatisch, dass wir darauf eingehen müssen.

David wusste, dass Gott auch für ihn sorgen würde, wenn er ihn in eine bestimmte Situation führte. Wohin auch immer Gott uns führt, es gibt dort einen Schutzschirm und Versorgung für uns. Unter diesem Schirm sind die göttlichen Ressourcen von Weisheit, Gnade, Finanzen und was wir sonst noch brauchen, vorhanden, damit wir das tun können, was Gott von uns will.

Das heißt nicht, dass es dabei garantiert keine Probleme und Schwierigkeiten gibt, aber wenn uns Gott in eine bestimmte Richtung oder an einen bestimmten Ort führt, dann hilft er uns dort auch.

Nun ist es aber so, dass der Schirm nur dorthin reicht, wohin Gott uns führt. Wenn wir beschließen, nach rechts zu gehen, wenn Gott uns doch links haben möchte, können wir nicht erwarten, dass er die Pläne unterstützt, die wir eigenmächtig gemacht haben.

Die Christen von heute bestätigen diese Wahrheit ständig. Sie versuchen zu erreichen, dass der Schirm ihnen folgt, während sie auf eigene Faust lebenswichtige Entscheidungen treffen. Und das funktioniert nicht. Nur weil Sie verkündet und erklärt haben, dass Sie Christ sind,

heißt das noch lange nicht, dass Gott verpflichtet ist, sich um Ihre
Bedürfnisse zu kümmern, während Sie Ihren ureigenen Weg gehen.

> Wenn wir beschließen, nach rechts zu gehen, wenn Gott
> uns links haben möchte, können wir nicht erwarten,
> dass Gott die Pläne unterstützt, die wir eigenmächtig
> gemacht haben.

Der *Brooklyn Tabernakle*-Chor hat vor einiger Zeit ein Lied aufgenommen, das auf Psalm 119, Vers 133 basiert und in dem es heißt:

„Order my steps in Your Word, dear Lord;
lead me, guide me every day …
Humbly I ask Thee, teach me Your will;
while you are working, help me be still…
Order my steps in Your Word."

(Ordne meine Schritte nach deinem Wort, lieber Herr;
führe mich, leite mich jeden Tag …
Ich bitte dich demütig, mich deinen Willen zu lehren;
und während du wirkst, hilf mir bitte still zu halten …
Bitte ordne meine Schritte nach deinem Wort).

Ein Geistlicher, der in einer Gemeinde für den Musikbereich zuständig war, erzählte meiner Frau kürzlich, dass für ihn persönlich dieses Lied zwar ein Segen sei, der erste Pastor der Gemeinde jedoch darum gebeten habe, es nicht zu singen, „weil man Gott nicht zu bitten braucht, unsere Schritte zu ordnen, wenn man das Wort des Glaubens hat". Mit anderen Worten: Man ist dort geistlich so machohaft, dass man machen kann, was man will, und Gott sich einem anschließen muss!

Aber das ist nicht biblisch. Man kann Gott nicht sagen, was er zu tun und wohin er zu gehen hat. Das ist pure geistliche Überheblichkeit. Wie leicht vergessen wir, dass nicht wir der Mittelpunkt des Universums sind, sondern Gott. Eines dürfen wir nämlich auf keinen Fall aus dem Bewusstsein verlieren: „Die Welt vergeht und mit ihr die ganze

Lust und Gier. Wer aber tut, was Gott will, wird ewig leben" (1 Joh 2,17).

David ist „ein Mann nach dem Herzen Gottes" (vgl. 1 Sam 13,14; Apg 13,22), weil er Gott demütig um Weisung für seinen Alltag bittet. Er weiß, dass er sich außerhalb von Keila nicht mit den Philistern anlegen kann, wenn er nicht den Schutzschirm Gottes über sich hat. Daraufhin bittet er also Gott, ihm zu sagen, was er tun soll, und in diesem Fall sagt Gott: „Ja, geh los."

Und selbst da kommt David noch ein zweites Mal vor Gott: „Gott, meine Leute sind nicht gerade begeistert von der Idee. Sie sagen, dass wir schon genug Probleme haben, weil wir von König Saul gejagt werden – *warum also soll ich mir jetzt die Philister vornehmen?* Soll ich das wirklich tun? Hast du das wirklich zu mir gesagt?"

Und wieder lautet die Antwort: „Ja, auf, zieh nach Keila! Ich werde die Philister in deine Hand geben" (1 Sam 23,4).

Wir werden hier an eine der wichtigsten geistlichen Regeln von Führung erinnert: nämlich auch die Möglichkeit in Betracht zu ziehen, dass wir uns irren. David ist bescheiden genug, um sich selbst zu sagen: „Vielleicht habe ich Gott missverstanden. Ich sollte das lieber noch einmal prüfen." Er tut nicht so, als ob er 24 Stunden am Tag mit Gott im Gespräch wäre und es undenkbar ist, dass er Fehler machen könnte.

> Eine der ersten Regeln geistlicher Führung besagt, dass auch die Möglichkeit besteht, sich zu irren.

Vor ein paar Jahren las ich von einem einflussreichen Fernsehevangelisten, der von einem Reporter eines der großen Nachrichtenmagazine unseres Landes gefragt wurde: „Was wäre, wenn Sie das Gefühl hätten, Gott gäbe Ihnen den Auftrag, etwas Bestimmtes zu tun, und der gesamte Aufsichtsrat Ihres Senders würde dazu Nein sagen?" Der Prediger antwortete forsch und selbstbewusst: „Ich würde sie alle feuern." Das hörte sich zwar an wie kühner, mutiger Glaube, aber in Wirklichkeit sagte er damit auch, dass er sich nie irren könnte. Es dauerte übrigens nicht lange und die gesamte Arbeit dieses Mannes war wegen eines Skandals vernichtet.

Es ist kein Zeichen von Schwäche, Bestätigung für persönliche geistliche Eindrücke zu suchen. Oft ist es sogar eine gute Idee, sich eine(n) Gebetspartner(in) zu suchen oder einen Pastor oder Seelsorger anzurufen, der das, was Sie als Willen Gottes verstehen, bestätigt.

Als ich zum ersten Mal von einem Theater mit 4 000 Plätzen mitten in Brooklyn hörte, das zum Verkauf stand, und mir klar wurde, dass mit einem solchen Kauf die Raumprobleme unserer Gemeinde gelöst wären, war ich ziemlich aufgeregt. Obwohl sich das Gebäude in einem erbärmlichen Zustand befand und die Renovierung Millionen von Dollar verschlingen würde, sah ich doch die Möglichkeit, dass das die neue *Brooklyn Tabernacle*-Gemeinde werden könnte.

Ich sagte meinen Mitpastoren aber auch sofort: „Geht und seht es euch selbst an und dann betet. Wenn nicht alle sechs Pastoren den Eindruck haben, dass Gott uns diesen Weg entlangführt, werden wir darüber nicht einmal mit der Gemeinde sprechen." Würde Gott denn wirklich eine so wichtige Angelegenheit vor meinen Mitpastoren verbergen und nur mir offenbaren? Ich glaube kaum. Ich zeigte die Gebäude auch noch anderen Geistlichen, auf deren Meinung ich viel gebe, denn ich wollte die Bestätigung, dass es wirklich Gottes Wille für unsere Gemeinde war, das Gebäude zu kaufen.

Nach und nach spürten wir eine innere Übereinstimmung, dass dieser Schritt richtig war. Obwohl der Kaufpreis sehr hoch war, gingen wir im Vertrauen auf Gott und mit Zuversicht weiter voran.

Die Geschichte von Keila zeigt, dass David fest von dem überzeugt war, was er in Psalm 25, Vers 9 schrieb: „Er leitet die Elenden recht und lehrt die Elenden seinen Weg." Und an anderer Stelle schrieb David: „Wahrlich, das ist Gott, unser Gott für immer und ewig. Er ist's, der uns führet" (Ps 48,14). David triumphiert über die Philister und befreit Keila, und das alles, weil er Gott um Führung bat. David lebte aus dem Glauben und nicht aus dem, was er sah.

Mehr Entscheidungen

Aber dann hört König Saul, der in einer schlimmen geistlichen Illusion lebt, dass David plötzlich verletzlich geworden ist, weil er sich ins Stadtinnere begeben hat, statt außerhalb der Stadtmauern zu bleiben.

Und Saul ist siegessicher. Seine innere Wahrnehmung ist mittlerweile so verzerrt, dass er sogar Gott für diese Entwicklung der Dinge dankt: „Jetzt hat Gott ihn aufgegeben und mir ausgeliefert", sagt er (1 Sam 23,7).

Aber da hat er sich ganz offensichtlich geirrt. Menschen, deren Leben nicht auf Gebet gegründet ist und die sich nicht dem Willen Gottes unterstellen, können zu allen möglichen falschen Schlussfolgerungen gelangen. Gott beschützt David vor Saul und Saul hat davon keine Ahnung. Er ruft sofort seine Armee zusammen, um seinen Erzfeind gefangen zu nehmen, aber David wendet sich wieder erst an den Herrn: „Gott, ich habe gehört, dass Saul im Anmarsch ist, aber ich bin mir nicht sicher. Kommt er wirklich?"

Antwort: „Ja."

Die nächste Frage lautet: „Werden diese Leute in Keila mich beschützen, weil ich gerade ihren Hals gerettet habe? Oder werden sie mich über die Mauer Saul direkt vor die Füße werfen?"

Antwort: „Sie werden dich ausliefern."

Also sammelt David schnell seine Leute und verlässt die Stadt.

Ist es nicht wunderbar, dass Gott uns sogar zeigen kann, wer unsere wirklichen Freunde sind und wem wir nicht vertrauen sollten? Er kann uns vor dem warnen, was andere Leute hinter unserem Rücken tun.

Also gelingt es Saul nicht, David gefangen zu nehmen. Anders ausgedrückt: Erfolg stellt sich nicht durch Macht und Gewalt oder durch Computer oder einen hohen IQ ein, sondern durch den Geist Gottes (vgl. Sach 4,6). König Saul hat bessere Waffen und ein viel größeres Heer, aber David wird vom Heiligen Geist geführt. Er steht in direkter Verbindung mit dem König aller Könige.

Führt Gott auch heute noch?

In der Gemeinde von heute mangelt es meiner Ansicht nach erheblich an Glauben an den lebendigen Gott, der zu uns spricht. Pastoren und Laien glauben scheinbar nicht wirklich, dass Gott leitet und führt. Umfragen von George Barna haben ergeben, dass weniger als 10 % der Christen, die sonntags in die Kirche gehen, wichtige Lebensentscheidungen auf der Grundlage von Gottes Wort treffen und zuvor nach seinem Willen fragen. Anders ausgedrückt: Über 90 % treffen Entscheidungen auf der Grundlage ihrer eigenen Intelligenz, der Meinung von Gleichaltrigen (der Bezugsgruppe), ihrer Laune oder ihrer Vorlieben. Sie heiraten und ziehen in eine andere Stadt, ohne auch nur einen Gedanken daran zu verschwenden, was Gott wohl dazu zu sagen hat – aber Sonntag für Sonntag sitzen sie in der Kirche und singen Choräle, in denen es um die Führung Gottes geht.

Viel zu viele Gemeindeleiter glauben gar nicht mehr an einen aktiven Heiligen Geist, weil sie durch überzogene Ansprüche und Fanatismus, den es in bestimmten Kreisen gibt, abgeschreckt wurden. Und so wird das Kind mit dem Bade ausgeschüttet. Zu erwähnen, dass der Heilige Geist Menschen führt, wird fast unweigerlich mit Spott quittiert. Wenn jemand dasselbe sagt wie Paulus im 16. Kapitel der Apostelgeschichte – dass der Geist ihn in eine bestimmte Stadt sandte statt in eine andere –, dann hält man diesen Menschen für ein bisschen irre. Wir sind stark, wenn es darum geht, unsere Standpunkte in der Lehre darzustellen und zu vertreten, aber ausgesprochen schwach, wenn es darum geht, über die Notwendigkeit zu sprechen, uns im Alltag vom Geist Gottes leiten zu lassen. Ich möchte noch einmal deutlich machen, dass Gott nicht tot ist; er kommuniziert auch heute noch mit uns. Er interessiert sich für jeden Aspekt unseres Lebens, für unsere Familie, unsere Finanzen, alle möglichen Entscheidungen – nicht nur für moralische Fragen und Themen. Sein Auge ruht immer auf Ihnen. Er möchte Sie leiten. Aber Sie müssen glauben, dass er wirklich zu Ihnen spricht, wenn Sie in vertrauensvollem Gebet auf sein Reden und Handeln warten, mit der inneren Bereitschaft, seinen Willen auch wirklich zu tun.

> Viel zu viele Gemeindeleiter haben aufgehört,
> an einen aktiven Heiligen Geist zu glauben, weil sie von
> einem Fanatismus in gewissen Kreisen abgeschreckt sind.
> Und so wird das Kind mit dem Bade ausgeschüttet.

Ich fürchte, dass unbiblische Exzesse, die unter vermeintlichen Eingebungen des Heiligen Geistes stattgefunden haben, viele Menschen abgeschreckt haben, die es eigentlich besser wissen müssten. Heute halten Pastoren Gottesdienste ab, die so stark reglementiert sind, dass für eine spontane Führung durch den Heiligen Geist kein Raum bleibt. Veranstaltungen werden minutiös durchgeplant. Die Liedauswahl steht schon Tage vorher fest und ist scheinbar in Stein gemeißelt. Gott hat keinen Raum mehr, um jemanden in eine andere Richtung führen zu können – und ganz bestimmt nicht *während* der betreffenden Veranstaltung. Unser Ziel ist eher ein reibungsloser Ablauf. Wir wollen, dass „alles glatt geht"; unser vordringliches Anliegen ist gute Organisation und dass „alles klappt".

Aber, um es noch einmal deutlich zu machen: Wenn Gott das gesamte Volk Israel 40 Jahre lang durch die Wüste führen konnte, dann kann er mit Sicherheit auch mich durch einen Sonntagsgottesdienst führen. Gott muss mir jedoch auch immer wieder zeigen, dass ich an dieser Stelle ein ganz besonders gutes Gespür brauche.

> Wenn Gott das gesamte Volk Israel 40 Jahre lang durch die Wüste führen konnte, dann kann er ganz bestimmt auch mich durch einen Sonntagsgottesdienst führen.

Es war im Sommer vor zwei Jahren während eines Sonntagnachmittag-Gottesdienstes. Unser Chor sollte gerade singen und Carol ging an mir vorbei zur Bühne. Ich fragte sie, welche Lieder sie ausgesucht hatte, denn ich weiß, dass sie oft noch in letzter Minute ihre Pläne ändert, wenn sie das Gefühl hat, dass Gott die Gemeinde in eine bestimmte Richtung führen will. Sie nannte zwei Lieder, und ich setzte mich in die erste Reihe, um den Chor besser genießen zu können.

Im ersten Lied ging es um Gottes große erlösende Liebe. Calvin Hunt, ein junger Mann, der zusammen mit unserem Chor mehrere CDs aufgenommen hat und jetzt im vollzeitlichen Dienst unterwegs ist, sang darin ein Solo. Ich schloss die Augen, um den Text besser in mich aufnehmen zu können.

Irgendwo, etwa in der zweiten Strophe, spürte ich, dass der Heilige Geist zu mir sagte: *Geh und predige das Evangelium, und zwar jetzt sofort. Steh auf und erzähle ihnen von der Liebe Gottes.*

Zuerst dachte ich, dass ich vielleicht etwas zu emotional auf das Lied reagierte. Oder vielleicht wollte mich auch der Teufel zu einem etwas merkwürdigen Verhalten verführen.

Dann dachte ich: *Meine Güte, wir haben noch nicht einmal die Kollekte eingesammelt! Das ist jetzt nicht der Zeitpunkt, um zu predigen und die Leute einzuladen, ihr Leben Jesus anzuvertrauen; das kommt doch erst am Ende des Gottesdienstes und nicht jetzt schon.* (Als ob Gott nicht wüsste, was in seiner eigenen Gemeinde zu tun ist!)

Aber der Eindruck, den ich hatte, verschwand nicht, und ich spürte, dass ich den Heiligen Geist betrüben würde, wenn ich nicht reagierte. Ich betete still für mich: *Gott, ich möchte mich dir nicht widersetzen, indem ich deinen Willen nicht tue. Wenn das Lied zu Ende ist, gehe ich da rauf. Bitte halte mich irgendwie auf, wenn ich mich irre.* Ich hatte das Gefühl, dass ich gehorchen musste, aber ich war immer noch nervös bei dem Gedanken, den Ablauf des Gottesdienstes zu unterbrechen.

Als der Schlussakkord des Liedes verklungen war, ging ich schnell nach vorn aufs Podium. Carol warf mir einen fragenden Blick zu, aber ich nahm das Mikrofon des Solisten und sagte: „Bevor du dich wieder setzt, Calvin, erzähl doch bitte den Menschen hier, was Gott in deinem Leben getan hat."

Und er erzählte seine Geschichte von der schrecklichen Crack-Sucht und wie Gott ihn davon befreit hatte (einen ausführlicheren Bericht über Calvins Geschichte gibt es in Kapitel 9). Seltsamerweise musste er gar nicht nach Worten suchen. Es war, als wäre er auf diesen Augenblick vorbereitet gewesen. Er gab ein kraftvolles Zeugnis von der erlösenden Kraft Gottes. Als er seinen Bericht beendet hatte, sprach ich noch etwa zehn Minuten über das Evangelium und lud dann die Menschen ein, ihr Leben Jesus zu unterstellen. Der Organist spielte leise, und der Chor blieb die ganze Zeit still stehen, wartend, was als Nächstes passieren würde. Dutzende von Menschen kamen nach vorn zum Altar. Man hörte Weinen, als Menschen, die vom Heiligen Geist angerührt worden waren, jetzt ihr Leben Jesus anvertrauten. Wir beteten mit jedem Einzelnen von ihnen – und es waren viele, die diese Entscheidung trafen.

Irgendwann bat ich die Leute, wieder Platz zu nehmen, und fügte hinzu: „Jetzt sind wir noch gar nicht dazu gekommen, die Kollekte einzusammeln, aber das holen wir gleich nach, während der Chor ein zweites Lied singt." Und der Gottesdienst lief einfach so weiter bis zum Schluss.

Irgendwann in der darauf folgenden Woche klingelte in einem unserer Gemeindebüros das Telefon, und meine Tochter Susan, die damals in der Musikabteilung arbeitete, nahm den Anruf entgegen. Eine Männerstimme sagte: „Ich hätte gern die Noten und den Text von dem und dem Lied. Sie singen es in Ihrer Gemeinde und ich würde es gern an meine Gemeinde hier in Texas weitergeben."

„Es tut mir Leid", antwortete meine Tochter, „aber von den meisten Liedern, die wir singen, gibt es gar keine Noten. Wir singen sie einfach auswendig. Nur wenn wir Lieder aufnehmen, sorgt der Produzent in der Regel dafür, dass Noten und Texte ebenfalls veröffentlicht werden."

Der Mann war merklich enttäuscht. „Ich habe es am vergangenen Sonntag in Ihrem Gottesdienst gehört und ich hätte dieses Lied einfach zu gern."

Susan überlegte, was sie noch sagen konnte: „Also, ich werde es meiner Mutter sagen und vielleicht nimmt sie es dann ja mit auf die nächste CD."

Schweigen am anderen Ende der Leitung. „Haben Sie gesagt Ihre Mutter?", hakte der Mann nach. „Entschuldigung, aber wer sind Sie?"

„Ich bin Susan Pettrey – eine von Pastor Cymbalas verheirateten Töchtern. Ich arbeite hier in der Gemeinde."

Bei diesen Worten wurde der Mann ein wenig von seinen Gefühlen überwältigt. „Würden Sie bitte Ihrem Vater etwas von mir ausrichten?"

„Ja."

„Meine Familie und ich waren am Wochenende zu Besuch in New York. Wir haben einen 19-jährigen Sohn, der sich für alles, was mit dem Glauben zu tun hat, völlig verschlossen hatte. Wir haben ihn christlich erzogen, aber irgendwie ist er in die entgegengesetzte Richtung abgedriftet. Wir haben uns große Sorgen um ihn gemacht.

Jetzt hatten wir ihn eingeladen, uns auf eine Reise nach New York zu begleiten. Ich hatte ihm versprochen, dass wir uns Zeit nehmen würden, zusammen die Stadt zu genießen, aber ehrlich gesagt hatte ich im Grunde eigentlich vor, ihn am Sonntag in Ihre Gemeinde mitzunehmen, in der Hoffnung, dass Gott ihn dort irgendwie ansprechen würde.

Wir haben uns den ganzen Samstag über die Stadt angesehen und es sehr genossen. Als wir dann am Sonntagnachmittag im Taxi zum Gottesdienst in Ihrer Kirche unterwegs waren, kontrollierte ich noch einmal unsere Rückflug-Tickets und stellte fest, dass ich einen schrecklichen Fehler gemacht hatte. Wenn wir unseren Flug nicht verpassen wollten, konnten wir nicht bis zum Ende des Gottesdienstes bleiben. Ich trat mir selbst in den Hintern, weil ich bei der Buchung des Fluges nicht besser aufgepasst hatte. Wahrscheinlich würde mein Sohn jetzt nicht die Botschaft hören, die ja eigentlich der Grund für die ganze Reise gewesen war. Aber dann erhob sich Ihr Vater – noch ganz am Anfang des Gottesdienstes – völlig unvermittelt, ging nach vorne und fing an zu predigen. Plötzlich stand mein Sohn zusammen mit den vielen anderen auf und ging nach vorn zum Altar! Er brach einfach vor Gott zusammen und bat ihn um Vergebung. Als er wieder auf seinen Platz zurückkam, war er ein anderer Mensch. Ein paar Minuten später mussten wir uns schon auf den Weg zum Flughafen machen ... Sagen Sie Ihrem Vater einfach nur, dass wir den ganzen Heimweg über nicht aufhören konnten, unseren Sohn anzusehen. Das war die unglaublichste Veränderung, die man sich überhaupt vorstellen kann. Meine Frau und ich sind überglücklich über das Großartige, was Gott getan hat."

Gott hatte an diesem Nachmittag wegen eines 19-jährigen Jungen den gesamten Gottesdienstablauf über den Haufen geworfen. Er wusste von den Problemen im Leben dieses Jungen, er kannte den Zeitpunkt des Fluges, und er wusste, dass etwas Außerplanmäßiges passieren musste. Gott weiß Dinge, die wir unmöglich wissen können. Wenn wir Gott nicht fragen und ihn im Glauben um Führung bitten, dann leben wir völlig an dem vorbei, was er tun will.

Überlassen Sie Gott die Führung

Mit welchen Entscheidungen sind Sie zurzeit konfrontiert? Gibt es Weggabelungen, die nach einer Entscheidung schreien, entweder die eine oder die andere Richtung einzuschlagen? Denken Sie daran, dass viele scheinbar unwichtige Entscheidungen weit reichende Konsequenzen haben können, die wir oft gar nicht überblicken. Denken Sie nur daran, wie wenig wir Menschen oft wissen, wenn es darum geht, Entscheidungen zu fällen. Uns fehlt der Überblick. „Wir sehen jetzt durch einen Spiegel ein dunkles Bild" (1 Kor 13,12; Luther) und verstehen die Vielschichtigkeit nicht, die unseren Blicken verborgen bleibt. Wir wissen nicht, was der kommende Tag bringen wird, sind aber dennoch immer wieder mit solchen Entscheidungen konfrontiert.

Aber unser Gott weiß alles und hat alle Macht. Sogar „des Königs Herz ist in der Hand des Herrn" (Spr 21,1). Gott weiß genau, welche Pläne er für Sie hat – „Gedanken des Friedens und nicht des Leides, dass ich euch gebe Zukunft und Hoffnung" (Jer 29,11). Und als Vater ist es sein Wunsch, Sie in diese segensreichen Pläne einzubeziehen und sie Ihnen mitzuteilen.

Damit das gesschehen kann, muss man sich auf Gottes Willen für das eigene Leben einlassen – so viel steht fest. Dann werden wir in der Lage sein, seine Stimme zu hören, und wir werden seine Führung spüren. Es bedeutet auch, in seiner Gegenwart warten und hören zu lernen. Aber welchen Segen werden wir erleben, wenn wir auch zu denen gehören, „die weder hungern noch dürsten, sie wird weder Hitze noch Sonne stechen; denn ihr Erbarmer wird sie führen und sie an die Wasserquellen leiten" (Jes 49,10).

Anmerkung

[1] *The Works of John Wesley*-CD (Providence House, 1995); vgl. auch „The Character of a Methodist", in: *The Works of John Wesley*, 3. Aufl, Bd. 8, S. 339 (Wesleyan Methodist Book Room, 1872).

[2] Predigt mit dem Titel „The Eternal Name", gehalten am Abend des 27. Mai 1855 in Exeter Hall, London.

Kapitel 6

Cleverness hat ihren Preis

Vollständig darauf zu vertrauen, dass Gott uns leitet und führt, das klingt ja theoretisch ganz gut, aber seien wir doch mal ehrlich: Es kann auch ein bisschen ärgerlich sein. Vielleicht sehen uns unsere Freunde ein wenig seltsam von der Seite an und denken (oder sagen es manchmal sogar), dass wir es mit dem „frommen Kram" langsam ein bisschen übertreiben. Nach dem Willen Gottes zu fragen und zu versuchen, diesen herauszufinden, widerspricht dem modernen Denken, nämlich sich auf sich selbst zu verlassen. Unsere Kultur lehrt uns, uns um unser eigenes Leben und um unsere eigenen Angelegenheiten zu kümmern.

Im krassen Gegensatz zu dem offenen und fragenden Herzen Davids berichtet die Bibel noch von einem anderen König, der nicht einmal 100 Jahre nach David lebte und alle Aussichten hatte, einmal eben so groß und bekannt zu werden wie David – bis er beschloss, nicht zu tun, was Gott ihm gesagt hatte, sondern was seiner Ansicht nach besonders schlau war. Davids Nachfolger, sie werden sich sicher erinnern, war sein Sohn Salomo, der irgendwann beschloss, seinen Weg nicht mehr mit Gott zu gehen. Gott hatte Salomo davor gewarnt, zu viele Frauen zu nehmen, besonders ausländische Frauen, weil ihn das von der Anbetung des wahren Gottes abbringen würde. Die Vermischung mit ihren Göttern erwies sich als fatal, weil Salomo am Ende direkt in Jerusalem Tempel für die Götter seiner Frauen baute, an dem Ort also, den Gott sich als Wohnort ausgewählt hatte.

Am Ende seines Lebens fiel Salomo ein junger Mann mit Führungsqualitäten namens Jerobeam auf, den er im Staatsdienst förderte. Eines Tages ging Jerobeam nichts Böses ahnend in den Feldern spazieren, als plötzlich ein Prophet zu ihm kam, ihm sein Obergewand auszog – und es in zwölf Stücke riss! Wirklich merkwürdig! Als er

Jerobeam 10 Stücke davon zurückgab, sagte er, dass Gott schon bald Salomo verurteilen würde für das, was dieser getan hätte. Er würde das Volk auseinander reißen – und erstaunlicherweise würde Jerobeam am Ende König von zehn der zwölf Stämme Israels werden. Dieser Ankündigung folgten einige andere ungewöhnliche Verheißungen Gottes: „So will ich nun dich nehmen, dass du regierst über alles, was dein Herz begehrt, und du sollt König über Israel werden. Wirst du nun gehorchen allem, was ich dir gebieten werde, und in meinen Wegen wandeln und tun, was mir gefällt, und meine Rechte und Gebote halten, wie mein Knecht David getan hat, *so will ich mit dir sein und dir ein beständiges Haus bauen, wie ich es David gebaut habe, und will dir Israel geben*" (1 Kön 11,37–38).

Jerobeam muss mit weit offenem Mund dagestanden haben. Warum gerade er? Er hatte keinerlei Anspruch auf irgendetwas Königliches. Aber quasi aus dem Nichts fiel Gottes souveräne Wahl auf ihn (da sage noch einmal jemand etwas über einen ungeheuren „Bruch" am Anfang seiner beruflichen Laufbahn).

Achten Sie darauf, wie umfassend die Verheißungen für einen jungen Mann sind, nämlich im Grunde ebenso großartig wie das, was der mächtige David empfangen hatte: Kontrolle über ein Volk, ein Herrschergeschlecht, das Versprechen der ständigen Gegenwart Gottes. Wir würden doch sagen, dass Jerobeam damit ein „gemachter Mann" war.

Ein scharfer Verweis

Spulen wir nun das Video im Schnelllauf viele Jahre vor: 1. Buch Könige, Kapitel 14. Jerobeam hat wirklich den Thron des Nordreiches bestiegen (die zehn Stämme), genau wie es Ahija damals in den Feldern vorhergesagt hatte. Aber der König ist inzwischen völlig von Gott abgefallen. In diesem Kapitel sehen wir nun den mächtigen König und seine Frau in einer Familienkrise: Ihr kleiner Sohn ist schwer erkrankt und sie fürchten um sein Leben. Jerobeam sagt zu seiner Frau: „Vielleicht kann der alte Prophet uns ja helfen. Damals, als er mir prophezeit hat, stand er mit Sicherheit in Verbindung mit Gott. Warum suchst du ihn nicht auf, damit er für unseren Sohn betet?"

Aber Jerobeam weiß, dass sein Lebensstil alles andere als gottgefällig ist; sein Ruf bei Ahija ist auf einem Tiefpunkt angekommen. Wenn seine Frau beim Propheten zu einem Besuch auftaucht, schimpft er vielleicht mit ihr oder sagt ihr etwas, das Jerobeam lieber nicht hören will. Also rät dieser seiner Frau, sich zu verkleiden.

Das ist eigentlich gar nicht mehr nötig, denn zu diesem Zeitpunkt ist Ahija schon so alt, dass er nicht mehr sehen kann. Er kann nicht sehen, ob Frau Jerobeam wie eine Königin oder eine Putzfrau aussieht. Andererseits steht Ahija immer noch in enger Verbindung mit Gott – und vor ihm kann man sich nicht tarnen. Man kann schauspielern wie ein Oscar-Preisträger, aber Gott durchschaut das sofort. In dem Augenblick, als die Frau an die Tür des Propheten klopft, ruft Ahija: „Hallo Frau Jerobeam-verkleidet-als-jemand-anders – kommen Sie doch herein!"

Vielleicht kichert sie nervös oder versucht, mit dem alten Propheten Small Talk zu halten. Wenn es so war, dann hatte die Plauderei rasch ein Ende. Sehr schnell wird das Gespräch nämlich ernst. Die Frau sitzt wie vom Donner gerührt da, während Ahija ihr Schockierendes prophezeit.

„Ich habe eine schlimme Nachricht für dich. Geh heim und richte Jerobeam aus: ‚So spricht der Herr, der Gott Israels: Ich habe dich aus dem ganzen Volk ausgewählt und dir die Herrschaft über mein Volk übertragen. Ich habe das Königtum über Israel den Nachkommen Davids weggenommen und habe es dir gegeben. Aber du bist nicht dem Beispiel meines Dieners David gefolgt, der mir unverbrüchlich die Treue hielt, der alle meine Gebote beachtet und nur getan hat, was mir gefällt. Nein, du hast es schlimmer getrieben als irgendeiner vor dir: Mich hast du verworfen und hast dir eigene Götter gemacht, Bilder aus Bronzeguss! Beleidigt hast du mich damit! …

Geh jetzt nach Hause. Sobald du die Stadt betrittst, wird dein Sohn sterben. Ganz Israel wird um ihn trauern. Aber er wird der Einzige aus der Familie Jerobeams sein, der in ein Grab kommt, weil er auch der Einzige ist, an dem der Herr, der Gott Israels, etwas Gutes gefunden hat. Der Herr wird einen König über Israel einsetzen, der alle Nachkommen Jerobeams ausrotten wird. Der Herr wird Israel einen Schlag versetzen, dass es schwankt wie ein Schilfrohr im Wasser. Er wird die Leute von Israel aus diesem guten Land, in das er ihre Vorfahren eingepflanzt hat, ausreißen und wird sie wegschleudern in das Land jenseits des Euphratstroms. So werden sie dafür bestraft, dass sie geweihte Pfähle aufgestellt haben. Er wird die Leute von Israel ihren Feinden preisgeben, weil Jerobeam sich gegen ihn vergangen hat und sie sich von ihm zum Götzendienst verführen ließen'" (1 Kön 14,6–9; 12–16).

Was für ein niederschmetternder Tadel! Als der alte Mann endlich seine Rede beendete, hat Frau Jerobeam sicher geweint. Innerhalb von Stunden wird sie ihren Sohn verlieren und kurz darauf wird die Königsherrschaft ihres Mannes Geschichte sein. Ja, die ganze Nation sollte zusammenbrechen.

Wir lesen solche Geschichten und fragen uns: Wie um alles in der Welt konnte das passieren? Was muss man tun, um zuerst von Gott als nächster König auserwählt zu werden … und dann vom selben Propheten gesagt zu bekommen, dass man erledigt ist – bereit für die Müllkippe der Geschichte, ohne Hoffnung, das Königreich oder auch nur das eigene Leben zu retten?

Gott hatte gesagt: *„Jerobeam, es ist vorbei. Du hast meinen Zorn auf dich gezogen. Du bist jetzt als König verworfen. Ja, ich werde dein ganzes Volk dafür bestrafen, dass du es dazu gebracht hast mitzumachen."*

Meine Güte, was hat dieser Mann getan?

Wenn man „klug" wird …

Die Antwort liegt nur ein paar Verse zurück in 1. Könige, Kapitel 12, zwischen der ersten und letzten Begegnung zwischen Jerobeam und Ahija. Jerobeam war bereits König und dachte über seine strategische Position nach. Ja, er saß sicher auf dem Thron – aber weil das Königreich geteilt war, gehörte der Tempel Gottes nicht in seinen Teil des Reiches. Er befand sich in Jerusalem, der Hauptstadt des Südreiches. An jedem heiligen Tag (also zwei-, dreimal im Jahr), wenn sein Volk dorthin reiste, um Gott anzubeten, mussten sie in das Gebiet seines Rivalen. Gott hatte ganz eindeutige Anweisungen gegeben, dass die Israeliten nicht an jedem beliebigen Ort anbeten und opfern konnten; sie mussten an den einen, von ihm auserwählten Ort in Jerusalem gehen. Hmmm…

In der Bibel heißt es:

„Aber Jerobeam machte sich Sorgen. ‚Wenn ich nichts unternehme', sagte er sich, ‚werde ich mein Königtum wieder an die Nachkommen Davids verlieren. Denn wenn das Volk regelmäßig nach Jerusalem geht und im Tempel des Herrn opfert, werden die Leute sich wieder ihrem früheren Herrn, dem König von Juda, zuwenden und Rehabeam als König anerkennen. Sie werden mich umbringen und sich wieder der Herrschaft des Königs von Juda unterstellen.' Jerobeam überlegte, was er dagegen tun konnte, und er hatte eine Idee. Er ließ zwei goldene Stierbilder anfertigen und sagte zum Volk: ‚Ihr braucht jetzt nicht mehr zum Tempel in Jerusalem zu gehen. Hier ist dein Gott, Israel, der dich aus Ägypten hierhergeführt hat!'

Das eine Bild ließ er in Bet-El aufstellen, das andere in der Stadt Dan. Damit verleitete er das Volk zur Sünde. In einer großen Prozession zogen die Männer Israels vor dem zweiten Standbild her bis nach Dan" (1 Kön 12,26–30).

Was für eine Tragik lauert hinter den Worten: „Aber Jerobeam machte sich Sorgen" (Vers 26). Sein gesamter Niedergang begann mit dem Versuch, besonders schlau sein zu wollen. Er fing an zu taktieren, statt einfach den Verheißungen Gottes zu vertrauen, und versuchte, „selbst Hand anzulegen". Andernfalls, so glaubte er, würde seine Macht in Mitleidenschaft gezogen werden. Und so nahm die Tragödie ihren Lauf: Jerobeam machte sich Sorgen und vergaß darüber Gott und seine Versprechen.

Es ist schrecklich mit anzusehen, wenn wir auf menschliche Cleverness statt auf Gott bauen. Nur Vertrauen und Glauben können uns weiterhelfen.

Und was tat Jerobeam schließlich? Er schuf sich seine eigene Religion – eine heimtückische Mischung aus wahr und falsch. Die folgenden Verse berichten darüber: „Jerobeam ließ auch an anderen Stellen des Landes Heiligtümer errichten und setzte Priester beliebiger Herkunft ein, die nicht zum Stamm Levi gehörten. Schließlich ordnete er an, am 15. Tag des 8. Monats ein Wallfahrtsfest zu feiern, das dem Laubhüttenfest in Jerusalem entsprechen sollte" (Verse 31–32). Man brauchte nicht von Gott berufen zu sein, um Leiter in Jerobeams Religion zu sein; man brauchte nur Geld und schon war man eingesetzt.

Gott hatte in seinem zweiten Gebot eindeutig gesagt, dass man keine bildlichen Darstellungen von seinem Äußeren machen dürfe, aber

Jerobeam ließ jetzt zwei goldene Kälber aufstellen, um die Anbetung des Volkes zu verankern. Gott ist Geist, und diejenigen, „die ihn anbeten wollen, müssen vom Geist der Wahrheit erfüllt sein" (Joh 4,24). Alles Materielle kann der Größe des unsichtbaren Gottes niemals gerecht werden, und selbst wenn man etwas aus purem Gold macht, kann es vor Gott immer noch falsch sein. Er lässt sich nicht beeindrucken von Glitzer und Glamour, sondern er sieht das Herz an.

Diese Geschichte von Jerobeam wurde als Warnsignal in die Bibel aufgenommen. Sie erzählt, wie ein Christ (egal, ob Leiter oder nicht) vom Unglauben gepackt wird, das zu einer ersten schlechten Entscheidung führt, die dann eine zweite nach sich zieht und diese wiederum eine dritte bis zu dem Augenblick, in dem alles außer Kontrolle gerät. Gott hatte zu dem Mann auf dem Feld gesagt: „Wenn du mir in allem gehorchst und nicht vom rechten Weg abgehst, wenn du tust, was mir gefällt und dich nach meinen Weisungen und Geboten richtest … dann werde ich dir beistehen." Aber Jerobeam entschied sich dafür, seinen eigenen Spielplan zu entwerfen, und am Ende donnerte Gott ihm so verheerende Worte entgegen, dass man schon beim Lesen eine Gänsehaut bekommt.

Wenn man einmal darüber nachdenkt, war das, was Jerobeam tat, eigentlich völlig logisch. Jeder König würde doch genau verfolgen, was sein Volk tut, oder? Einfach Gott zu vertrauen, dass er das Königreich aufbauen würde, wie versprochen, schien wahrscheinlich zu einfach. Jerobeam beschloss zu improvisieren, um seine Führungsposition zu sichern. Ja, Unglaube kommt oft als „besonders schlau sein" daher. Wir benutzen unsere Schlauheit, um unseren mangelnden Glauben zu vertuschen. Aber wer kann schon klüger sein als Gott?

Als Pastor treffe ich in meiner Gemeinde manchmal Männer, die gleichzeitig zwei oder drei Jobs haben, um finanziell vorwärts zu kommen. Sie wollen ihre Firma vergrößern, Geld für schwierige Zeiten zurücklegen oder Immobilien hier oder eine kleine Firma dort kaufen, und ihr Vermögen wächst immer schneller. Dafür versäumen sie aber sonntags den Gottesdienst und haben kaum Zeit für ihre Kinder. Spricht man sie darauf an, reagieren sie oft mit dem alten Spruch: „Ich bin doch nicht blöd." Schon bald, so sagen sie, wird ihr Terminplan nicht mehr so eng sein, und sie werden wieder mehr Zeit für die Bibel, für das Gebet, für den Dienst für den Herrn, für ihre Ehe und die Erziehung ihrer Kinder haben ... bald, aber noch nicht. Im Augenblick müssen sie sich buchstäblich umbringen für den allmächtigen Dollar. Diese Männer sind sicher, dass sie Gottes Gebot „Trachte zuerst nach dem Reich Gottes und seiner Gerechtigkeit, dann wird dir alles andere zufallen" (Mt 6,33) noch etwas nachbessern können.

Jerobeam muss sich *so unglaublich* schlau gefühlt haben, als er die goldenen Kälber in Dan und Bet-El aufstellen ließ – in zwei Städten auf *seinem* Gebiet. Er erzählte seinen Leuten, dass er ihnen auf diese Weise eine lange, beschwerliche Reise nach Jerusalem ersparte, aber seine neue Religion war keine Erlösung, sondern eine gefährliche Perversion echter Anbetung Gottes.

> In der Gemeinde von heute sind wir immer noch eifrig damit beschäftigt, neue Formen von Religion zu erfinden wie Jerobeam. Diese neuen Modelle sind genauso logisch und „benutzerfreundlich" wie seines.

In der Gemeinde von heute sind wir wie Jerobeam damals immer noch eifrig damit beschäftigt, neue Formen von Religion zu erfinden. Die neuen Modelle sind genauso logisch und „benutzerfreundlich" wie seines. Wir müssen es „den Menschen leichter machen" sagen wir. Schließlich müssen wir die Gemeinde dem hektischen modernen Lebensstil anpassen. Man kann von niemandem erwarten, kostbare Zeit und Kraft für den Erlöser zu opfern. Und ganz unterschwellig ist nicht mehr Gott der Mittelpunkt unseres Handelns, sondern unsere eigene Bequemlichkeit. Wenn eine Gebetsversammlung während der Woche uns nicht zusagt ... also Gott ist doch überall, weißt du! Bleib zu Hause und mach dein eigenes Ding.

Ja, warum dann überhaupt Gebetsversammlungen abhalten? Das war sowieso nur etwas für die damalige Zeit.

Der Kern der „Jerobeam-Religion" besteht darin, „alles" zu tun, um die Leute zu halten. Genauso wie damals, als Jerobeams tragischer Plan den Plan Gottes für sein Volk veränderte, weil diese Religion nichts mehr mit Gott zu tun hatte, gibt es auch heute noch Gemeindewachstumsspezialisten, die genau wissen, wie man das Zahlenspiel spielt. Sie sind Experten für das, was „wirkt". Aber leider sind sie blind für die Tatsache, dass nur Gott „wirkt".

Keine Gottesdienstbesucherzahlen können die Tatsache verbergen, dass unsere neue Form des Christentums der Bibel fremd ist und den Heiligen Geist betrübt. In ganz Amerika ärgern sich Menschen über Gottesdienste am Sonntagvormittag, die eine Stunde und zehn Minuten dauern, haben aber kein Problem, sich ein dreistündiges Footballspiel im Fernsehen anzusehen. Wo finden wir eine solche Mentalität im Neuen Testament?

Ich bin überzeugt, dass heutzutage vielerorts die Jerobeam-Religion so sehr institutionalisiert worden ist, dass selbst viele Leiter keine Ahnung mehr haben, wie eine echte, vom Heiligen Geist geführte Gemeinde aussehen würde.

Selbstgespräch

Unglaube redet mit sich selbst statt mit Gott. Wie viel besser wäre es gewesen, wenn Jerobeam seine Ängste analysiert und sie dann vor Gott gebracht hätte. Wenn er doch nur gebetet hätte: „Oh Gott, ich habe nicht darum gebeten, König zu werden, aber ich weiß, dass du es so wolltest. Mir scheint, dass ich alles verlieren könnte, wenn die Leute weiter nach Jerusalem ziehen. Aber du hast gesagt, dass du bei mir bleiben und meine Dynastie gründen würdest. Also sag mir bitte, was ich tun soll."

Aber das tat Jerobeam nicht. Stattdessen redete er mit sich selbst.

> Wenn wir in die falsche Richtung unterwegs sind, werden wir immer ein paar Kumpel finden, die uns auf die Schulter klopfen und uns Recht geben.

Wenn wir mit uns selbst reden, reden wir mit einer Person, die nicht besonders klug ist, weil ihre Sicht begrenzt ist. Wenn wir aber mit Gott reden, dann sprechen wir mit jemandem, der alles weiß. Er weiß, was er uns am Anfang versprochen hat, und er weiß genau, wie er diese Versprechen erfüllen kann, und zwar völlig ungeachtet der Umstände.

Auch Jerobeam wandte sich an einige Ratgeber (vgl. 1 Kön 12,28), die ihn in seinem Ungehorsam noch bestärkten. Wenn wir in die falsche Richtung unterwegs sind, finden sich immer ein paar Kumpel, die uns auf die Schulter klopfen und uns Recht geben. Was Jerobeam gebraucht hätte, wäre ein gottesfürchtiger Gebetspartner gewesen, der ihn aufgehalten und gesagt hätte: „Moment mal – hat Gott dir nicht ganz am Anfang etwas versprochen? Und wie kann es positive Auswirkungen haben, etwas Falsches zu tun?"

Das hier ist keine Geschichte über Unterschlagung oder Ehebruch oder über Drogen. Es ist eine Geschichte darüber, wie man einfach von Gott und seinem Wort wegdriftet. *Ja, mir ist klar, was Gott gesagt hat – aber in der gegenwärtigen Situation habe ich wirklich das Bedürfnis nach dem und dem.* Statt sich auf die Treue Gottes zu konzentrieren, tun wir das, was die Umstände zu diktieren scheinen.

Der Glaube macht uns jedoch fähig, Gott als den zu sehen, der über all unseren Problemen steht. Wenn wir nur die Probleme sehen, werden wir deprimiert und fangen an, die falschen Entscheidungen zu treffen. Wenn wir glauben und Vertrauen haben, sehen wir, dass Gott größer ist als jeder Berg, und wir wissen, dass er sich um uns kümmern und für uns sorgen wird.

Wenn *Gott* für Sie ist, dann ist es völlig egal, wie viele Dämonen in der Hölle versuchen, sich gegen Sie zu stellen. Wenn *Gott* für Sie ist, dann ist es egal, was Ihre Gegner anderen Leuten ins Ohr flüstern. Unglaube hat eine verschlagene Art, uns die negativen Seiten vor Augen zu führen. Wenn das eigene Leben von Glauben und Vertrauen geprägt ist, kann man morgens aus dem Bett steigen und sagen: „Ganz bestimmt werden mir Güte und Liebe jeden Tag meines Lebens folgen, und ich werde wohnen im Hause des Herrn immerdar" (Ps 23,6). Wenn man aber im Unglauben und ohne Vertrauen lebt, kann man morgens aus dem Bett steigen und sagen: „Oh nein! Das ist der Tag, an dem ich alles verlieren werde." Das Glas ist immer halb leer.

Diejenigen, deren Leben auf Glauben und Vertrauen basiert, sind immer noch Realisten. Sie geben oft zu, dass sie nicht wissen, wie das alles ausgehen wird, aber sie halten trotzdem daran fest, dass Gott für alles sorgen wird.

Auf die Stimme des Glaubens hören

Im Laufe der Zeit steigerte sich Jerobeams Angst von der Furcht, die Loyalität seines Volkes zu verlieren, bis hin zur Angst „Sie werden mich umbringen" (1 Kön 12,27)! Unglaube liebt es, immer das düsterste Bild zu zeichnen. Er liebt es, uns dazu zu bringen, vor uns her zu murmeln: *Das schaffe ich sowieso niemals. Ich weiß, dass das schrecklich ausgehen wird. Die Zukunft wird mich vernichten.*

Lassen Sie mich Ihnen sagen, dass Gott, der in Ihnen ein gutes Werk begonnen hat, jetzt nicht damit aufhören wird. Nachdem er seinen Sohn für Ihre Sünden in den Tod geschickt hat, nachdem er Sie um einen so ungeheuer hohen Preis errettet hat, warum sollte er Sie da wohl jetzt im Stich lassen?

Lassen Sie uns jetzt und hier der Cleverness, die eigentlich nur maskierter Unglaube ist, den Krieg erklären. Bringen Sie Ihr Problem vor Gott – wie ein kleines Kind im völlig unerschütterlichen Vertrauen, dass er allein alles heil machen kann, was kaputt ist. Schlagen Sie Ihre Bibel auf und lassen Sie Gott die Saat eines frischen Glaubens in Sie legen, die wachsen und erblühen wird, während Sie ihm dienen. Hören Sie nicht auf, anzuklopfen und zu bitten und zu suchen – egal, wie stark sie den Druck empfinden, „etwas zu tun".

Wie kann Ihr himmlischer Vater etwas tun, außer auf Ihr beharrliches Gebet des Glaubens zu reagieren? Jesus hat gesagt: „Wird dann nicht Gott erst recht seine Erwählten zu ihrem Recht verhelfen, wenn sie Tag und Nacht zu ihm schreien? Wird er sie etwa lange warten lassen? Ich sage euch: Er wird ihnen sehr schnell ihr Recht verschaffen. Aber wird der Menschensohn, wenn er kommt, auf der Erde überhaupt noch Menschen finden, die in Treue auf ihn warten?" (Lk 18,7–8).

Kapitel 7

Gottes Zeitplanung

Erinnern Sie sich noch an den Vater aus Texas, der mit seinem auf Abwege geratenen Sohn in unseren Gottesdienst in New York City kam und sich Sorgen um den Rückflug nach Texas machte? Er erhielt eine Lektion darüber, wie sehr sich Gottes Zeitplan vom unseren unterscheiden kann. Der Mann dachte, dass seine Gebete wegen eines Flugplans vergebens gewesen wären, und dabei hatte Gott alles unter Kontrolle, völlig ungeachtet der scheinbaren Entwicklung der Dinge.

Viele von unseren Schwierigkeiten mit dem Glauben haben mit „Timing" zu tun. Wir glauben zwar, zumindest theoretisch, dass Gott seine Versprechen hält – aber die Frage ist: wann? Wenn die Antwort nicht so schnell erfolgt, wie wir es erwarten, dann überfällt uns Angst, und wir geraten schon sehr bald in die Versuchung, unser Vertrauen auf etwas anderes zu setzen und nicht mehr an die Aussage des Verfassers des Hebräer-Briefes zu denken: „Werft nur jetzt eure Zuversicht nicht weg, die doch so reich belohnt werden soll!" (Hebr 10,35). Wie oft haben Sie schon dafür gebetet, dass Ihr Sohn oder Ihre Tochter zu Jesus findet? Beten Sie immer noch? Glauben Sie wirklich, dass Gott Sie hört?

Wir täten sicher alle gut daran zuzugeben, dass wir etwas über Gottes Art und Weise lernen müssen, wie er Dinge erledigt. Eines der besten Beispiele für das Tempo Gottes ist die Geschichte von Zacharias und Elisabeth, die in der Bibel sehr ausführlich erzählt wird.

Ja, das Lukas-Evangelium hat über diese beiden Senioren fast ebenso viel zu berichten wie über Maria und Josef. Warum hat Lukas sein Evangelium nicht so wie Markus geschrieben, der nur kurz erwähnt: „Gott sandte einen Vorläufer, Johannes den Täufer, um den Menschen zu sagen, dass sie Buße tun und sich für den großen Messias bereit machen sollten." Das hätte doch auch gereicht, oder?

> Viele unserer Schwierigkeiten mit dem Glauben haben mit dem „Timing" zu tun. Wir glauben, zumindest theoretisch, dass Gott seine Versprechen hält – die Frage ist nur: wann?

Nein, Gott will uns durch diese in allen Einzelheiten erzählte Geschichte etwas ganz Bestimmtes vermitteln.

Zacharias war ein älterer, kinderloser Priester. Die Leute in der Stadt gingen natürlich davon aus, dass das auch so bleiben würde, dass Zacharias und seine Frau nie eigene Kinder haben würden, denn Elisabeth war nicht nur unfruchtbar, sondern inzwischen auch zu alt, um noch Kinder zu bekommen.

Eines Tages, als Zacharias seiner Arbeit im Tempel nachging, erschien ein Engel und versetzte ihn mit einer Botschaft von Gott in Erstaunen: „Hab keine Angst, Zacharias! Gott hat dein Gebet erhört. Deine Frau Elisabeth wird dir einen Sohn gebären, den sollst du Johannes nennen. Dann wirst du voll Freude und Jubel sein, und noch viele andere werden sich freuen über seine Geburt" (Lk 1,13–14). Der Junge war, wie sich herausstellen sollte, Johannes der Täufer.

Gott hat merkwürdige Auswahlkriterien

Diese Geschichte zeigt uns am Anfang, dass Gott ganz anders an Dinge herangeht als wir. Selbst die Reihenfolge der Ereignisse ist von Bedeutung.

Wenn Sie Gott im Himmel wären und auf die Erde hinabschauen würden und Sie könnten sich jedes beliebige Elternpaar in ganz Israel aussuchen für die Aufgabe, diesen wichtigen Botschafter großzuziehen, wen würden Sie dann aussuchen? Bestimmt würden Sie oder ich eine gesunde junge Frau im Alter von 23 oder 24 Jahren auswählen, im besten gebärfähigen Alter mit viel Kraft, um auch nachts für das Baby fit zu sein und alle Mutterpflichten zu erfüllen. Wir würden nach einem entsprechenden Ehemann im Alter von vielleicht 25 oder 26 Jahren Ausschau halten, körperlich fit und beruflich abgesichert. Wir würden außerdem darauf achten, dass das Paar Geld hätte und gebildet wäre, damit das Kind eine anregende Umgebung hätte. Sie sollten in einem sicheren Wohngebiet leben, vielleicht in einem Vorort mit Bewohnern überwiegend aus dem gehobenen Mittelstand, mit den besten Schulen und allen möglichen kulturellen Angeboten in unmittelbarer Nähe.

Das Paar sollte außerdem vorhaben, noch ein oder zwei weitere Kinder zu bekommen, damit der Junge nicht als Einzelkind aufwachsen müsste. Und wichtig wäre natürlich auch noch, dass es gleichaltrige Kinder in der Nähe gäbe. Denn schließlich hat das besagte Kind einen göttlichen Auftrag zu erfüllen.

Und was tut Gott? Er wirft einen Blick auf das ganze Land Israel und findet eine Frau, die keine Kinder bekommen kann. Während scheinbar alle ihren Freundinnen in der kleinen Wüstenstadt schwanger wurden, ist sie kinderlos geblieben. Dann wartet Gott und wartet, und das so lange, bis diese Frau auch noch aus dem gebärfähigen Alter heraus ist, sodass es dazu jetzt endgültig zu spät ist, selbst wenn sie ein Kind hätte empfangen *können*. Sie ist doppelt disqualifiziert, Mutter dieses besonderen Kindes zu werden.

Und Gott im Himmel sagt: „Das ist die Richtige!" In der gesamten Zeit, in der der Junge vom Säugling zum jungen Mann heranwächst, kann ihm seine Mutter immer wieder die Geschichte seiner Geburt erzählen, das Wunder seiner betagten Eltern – und das alles stärkt in ihm die Überzeugung: „Für Gott ist nichts unmöglich" (Lk 1,37).

Häufig wartet Gott im Leben von Menschen ab, während eine Situation sich kontinuierlich zuspitzt. Es hat den Anschein, als wolle er diese Menschen abstürzen lassen, damit die Betreffenden sagen: „*Unmöglich,* dass das noch wieder in Ordnung kommt." Aber genau das ist dann der Punkt, an dem der allmächtige Gott in unsere Hoffnungslosigkeit eingreift und sagt: „Ach, wirklich? Jetzt schau mal genau hin …!"

Für Gott war es nicht wichtig, dass Johannes der Täufer eine richtige Schulausbildung erhielt oder Musikunterricht hatte. Das, was zählte, war, dass dieser in einer gottesfürchtigen Umgebung aufwuchs, in der Gott gelobt und angebetet wurde. Das fromme alte Ehepaar hat bestimmt mindestens einmal am Tag den kleinen Jungen angeschaut und gesagt: „Unser Gott ist ein wunderbarer Gott. Gelobt sei sein Name."

So oft, wenn wir in Schwierigkeiten geraten und die Lage völlig aussichtslos scheint, steckt dahinter ein Plan. Gott will etwas Großes tun. Er will seine Macht zeigen, damit sein Name noch mehr gelobt wird. Die nächste Generation wird von all dem erfahren. Schließlich ist die geistliche Pflege und Förderung von Kindern viel wichtiger als alles Materielle. Wussten Sie, dass Eltern ihren Kindern drei nahrhafte Mahlzeiten am Tag anbieten und ihnen die modernsten 250-DM-teuren Markenturnschuhe kaufen können – und die Kinder dennoch geistlich Mangel leiden? Wenn Eltern ihren Kindern den wunderbaren liebenden Gott vorenthalten, der sie geschaffen hat, dann versäumen sie als Eltern das Allerwichtigste. Kinder können eigentlich nicht ohne Jesus leben, auch nicht bei der allerbesten Erziehung und Ausbildung.

> So oft, wenn wir in Notfälle geraten und die Lage völlig aussichtslos scheint, steckt in Wirklichkeit Gottes Plan dahinter. Gott möchte etwas Großes tun.

Und Gott möchte, dass wir sogar über unsere Familie hinaus durch unser Leben seine große Macht und seine Erlösung bezeugen. Über unsere Bibelkenntnisse hinaus möchte er greifbar zeigen, dass er sich nie verändert. Lassen Sie uns das nächste Mal, wenn wir mit einem „Unmöglich" konfrontiert sind, nicht vergessen, dass unser Gott *immer noch* ein Ehrfurcht gebietender Gott ist.

So wichtig ist Gebet

Beachten Sie außerdem, wie sehr sich alles in dieser Geschichte um Gebet und Anbetung dreht.

Der alte Priester Zacharias wanderte die mühsame Strecke von zu Hause nach Jerusalem, weil er an der Reihe war, den Tempeldienst zu erledigen. Im Lukas-Evangelium, Kapitel 1, Vers 9 heißt es, dass seine Aufgabe an diesem Tag darin bestand, „das Räucheropfer darzubringen" – das gehörte zum Gottesdienst. Indem Kräuter und Gewürze in das Feuer gestreut wurden, entstand ein süßer Duft, der zu Gott emporstieg. Mittlerweile hatte sich bereits eine große Menschenmenge versammelt, die „draußen betete" (Lk 1,10). Sie öffneten alle, so gut sie konnten, ihr Herz vor Gott, streckten sich nach Gemeinschaft mit ihm aus – das Höchste, was ein Mensch erstreben kann.

Und genau in diesem Augenblick erschien der Engel.

Gott hätte sich zu jedem beliebigen Zeitpunkt zeigen können, aber in der Bibel wird immer wieder geschildert, wie er sich offenbart, wenn Menschen beten.

- Petrus stieg aufs Dach, um zu beten (Apg 10). Dort gab Gott ihm eine Vision, dass er losgehen und nicht die Juden mit der Guten Nachricht erreichen sollte, sondern andere Völker.
- Die Urgemeinde kam nach einiger Verfolgung zusammen, um zu beten. „Als sie geendet hatten, bebte die Erde an ihrem Versammlungsort. Alle wurden vom Heiligen Geist erfüllt" (Apg 4,31).
- Die zwölf Apostel baten Jesus nie, sie das Predigen zu lehren. Aber sie sagten: „Herr, sage uns doch, wie wir beten sollen" (Lk 11,1). Sie sahen, wie er die Gemeinschaft mit dem Vater lebte, die etwas so Besonderes war, dass sie gar nicht anders konnten, als ihn zu bitten: „Hilf uns, *so* zu beten."

In dem Augenblick, als der Engel erschien, geriet Zacharias in Panik. Die ersten Worte aus dem Mund des Engels waren: „Hab keine Angst, Zacharias! Gott hat dein Gebet erhört" (Lk 1,13).

Welches Gebet? Offensichtlich doch seine jahrelangen Gebete, dass Elisabeth ein Kind bekommen würde.

Inzwischen hatte Zacharias wahrscheinlich jeden Gedanken daran, vielleicht doch noch Vater zu werden, *ad acta* gelegt. *Aber das war egal;* die vielen Jahre des vertrauensvollen Betens waren nicht ausgelöscht, sondern immer noch gespeichert! Wenn ein Gebet ernst gemeint ist und von Herzen kommt, dann steigt es auf in die Gegenwart Gottes *und bleibt dort*. Je mehr Gebete hinzukommen, desto mehr sammeln sich im Himmel an. Sie lösen sich nicht auf wie Gas. Sie bleiben vor Gott bestehen. Erinnern Sie sich, wie ein anderer Engel zu Cornelius, dem römischen Hauptmann, sagte: „Gott hat genau bemerkt, wie treu du betest und wie viel Gutes du den Armen tust"

(Apg 10,4): Diese Gebete verflüchtigten sich nicht einfach, sondern sammelten sich bis zu dem Tag, an dem Gott einen Boten zu diesem besonderen Mann schickte.

> Wie muss Gott sich wohl jeden Sonntag fühlen, wenn im ganzen Land so viele Menschen in Kirchen und Gemeinden zusammenkommen, aber so wenig beten?

Wenn wir Antworten bei Gott suchen, dann sollten wir Ausdauer im Gebet haben, es sich Tag um Tag aufbauen lassen, bis seine Kraft zu einer mächtigen Flutwelle wird, die alle Hindernisse hinwegspült. Kein Wunder, dass Gott sagt, sein Haus soll als ein Haus des Gebets bekannt werden – nicht nur als Haus der Predigt, des Gesangs, sondern ganz besonders des Gebets. Wie sonst sollten wir großartige Antworten von Gott bekommen, wenn nicht durch Ausdauer und Beharrlichkeit im Gebet?

Wie muss Gott sich wohl jeden Sonntag fühlen, wenn im ganzen Land so viele Menschen in den Kirchen und Gemeinden zusammenkommen, aber so wenig beten? Gemeinden finden in ihren wöchentlichen Veranstaltungsplänen Zeit für alles Mögliche, von Basketball bis hin zu Diätkursen, aber für Gebetskreise und -treffen scheint keine Zeit zu bleiben. Der Herr wartet nur darauf, sein Volk mit seiner Fülle zu segnen, aber wir nehmen uns nicht die Zeit, die Leitungen zu öffnen. Was für ein schreckliches Fazit: „Ihr bekommt nicht, was ihr wollt, weil ihr Gott nicht darum bittet" (Jak 4,2).

Gott wird von Gebet angezogen. Er hat Freude an der Gemeinschaft mit uns. Gebet setzt seinen Segen für unser Leben frei.

Was Gott zusagt, das tut er auch

Durch seinen Einwand (Lk 1,18) verrät Zacharias, dass er offenbar in letzter Zeit gar nicht mehr um ein Kind gebetet hat. In Gedanken stellt er sich Elisabeth vor, die zu Hause im Dorf sitzt. Sie ist ganz bestimmt kein junges Mädchen mehr. Seine Frage: „Woran soll ich erkennen, daß es wirklich so kommen wird" ist daher doch eigentlich ganz verständlich, oder? Man könnte jetzt meinen, dass Gabriel geantwortet hätte: „Also, alter Mann, eins will ich dir sagen: Gott wird dir helfen. Er wird dich und deine Frau bevollmächtigen und alles wird gut."

Aber das tut er nicht. Der Engel hat ja bereits im Namen und Auftrag Gottes verkündet, was geschehen wird – da gibt es also nichts mehr zu diskutieren. Die Fakten sind klar: „Elisabeth *wird* einen Sohn haben, du musst ihn Johannes nennen, er wird groß sein vor Gott etc. Basta."

Zacharias jedoch hinterfragt, ob Gott das wirklich tun kann – und das führt zu einer heftigen Reaktion Gottes. Der Engel verkündet, dass Zacharias neun Monate lang stumm sein wird! Wenn Gabriel aus Brooklyn gekommen wäre, hätte er vielleicht gesagt: „Yo! Wo ist das Problem, Mann? Ich bin Gabriel, ein Engel, den Gott geschickt hat, um dir diese gute Nachricht zu bringen. Wenn du es nicht glauben willst, dann wirst du eben so lange nicht reden, bis du das Baby mit eigenen Augen siehst!"

Wenn Gott etwas verspricht, ist er sehr traurig, und es schmerzt ihn, wenn diejenigen, die zu ihm gehören, ihm nicht glauben. Es bricht ihm das Vaterherz, wenn seine eigenen Kinder sagen: „Na ja vielleicht … ich hoffe … aber wie soll das gehen, wirklich? Jetzt? … Ja, Gott hat zwar gesagt, dass er meine Tochter zurückbringen wird, aber sie ist so schwierig …"

Genügt es nicht, dass Gott erklärt hat, er wird etwas tun? Er braucht doch nicht im Voraus seine Methoden offen zu legen und zu erklären. „Nichts ist unmöglich", erinnern Sie sich?

Zacharias' Mund wird verschlossen. Seine Reaktion gibt den oft zitierten Worten aus Hebräer, Kapitel 11, Vers 6 einen durchschlagenden Sinn: „Es ist aber unmöglich, daß Gott an jemand Gefallen hat, der ihm nicht vertraut." Gott wird ziemlich ärgerlich – und das zu Recht – über Christen, die sich weigern zu glauben, die seine Wahrheit in Frage stellen, die einen Rückzieher machen, nachdem er zugesagt hat, etwas zu tun. Der Herr möchte rufen: „Würdest du mir bitte *einfach nur vertrauen!* Ist für Gott etwas unmöglich?"

Einmal sagte Jesus zu einer Frau, deren Bruder gestorben war und die dachte, Jesus könne jetzt wirklich nichts mehr tun: „Ich habe dir doch gesagt, daß du die Herrlichkeit Gottes sehen wirst, wenn du nur Glauben hast" (Lk 11, 40). Dann ging er weiter zum Friedhof und rief Lazarus aus seinem Grab heraus.

Der große Kampf unseres geistlichen Lebens ist nicht die Frage: „Willst du dich mehr anstrengen?" oder: „Kannst du etwas tun, damit du würdiger bist?" *Es ist schlicht und einfach die Frage, ob wir glauben, dass Gott tun wird, was nur er tun kann.* Daran findet er Gefallen. Es gefallen ihm diejenigen, die reagieren und ihm ihr Herz öffnen. Er sucht nach Glauben, der so stark ist, dass er in seinem Wort verankert ist und auf ihn wartet, auf den einen, der alles zu seiner Zeit wunderbar macht und gestaltet.

Die Unschuld steht auf dem Spiel

Ich werde niemals den Sonntagabend vergessen, an dem wir endlich die schüchterne, leise sprechende Wendy Alvear davon überzeugten, sich vor die Gemeinde zu stellen und 1 500 Menschen ihre Geschichte zu erzählen. Sie fing sehr zögerlich an, über ihre Kindheit und Jugend in Williamsburg in der Nähe von Brooklyn zu erzählen. Die Leute auf den Straßen dort waren eine seltsame Mischung aus chassidischen Juden und Einwanderern aus Puerto Rico, zu denen auch ihre Eltern gehörten. Sogar die Drogensüchtigen, so erinnerte sich Wendy, waren nett zu den Kindern auf der Straße.

> Der große Kampf unseres geistlichen Lebens ist die Frage: „Willst du glauben?" und nicht: „Willst du dich mehr anstrengen?" oder: „Kannst du etwas tun, damit du würdiger bist?"

Sie war das zweite von vier Kindern, und Wendy beschrieb sich selbst als „Romantikerin", die davon träumte, eines Tages einen gut aussehenden Mann zu heiraten und selbst ein Haus voller Kinder zu haben. Sie liebte Kinder und war eine begeisterte Babysitterin. Ihr sonniges Gemüt wurde nur zum Teil durch eine sehr strenge spanische

Gemeinde unterdrückt, in die sie mit ihrer Mutter und den drei Geschwistern an drei bis vier Abenden in der Woche ging. Dort erfuhr sie von Jesus und lud ihn schon bald in ihr Leben ein – obwohl man ihr in der besagten Gemeinde sagte, dass es für Christen eine lange Liste von Regeln gäbe, an die man sich halten müsse. Wendys Vater war kein Christ, hatte aber offenbar auch nichts dagegen, dass der Rest der Familie zur Kirche ging.

Eine der Regeln der besagten Gemeinde lautete, dass Frauen und Mädchen Röcke tragen müssen. Als Wendy in der neunten Klasse einen Schulausflug in einen Vergnügungspark machte, war es ihr unangenehm, im Rock mitzufahren. Eine Freundin bot an: „Ich bringe dir eine von meinen Hosen von zu Hause mit, okay?" und Wendy nahm das Angebot dankbar an.

„Das einzige Problem war, dass der ganze Ausflug länger dauerte als geplant", erinnerte sich Wendy. „Als wir zurückkamen, stand meine Mutter schon da und wartete auf unsere Rückkehr. Ich saß in der Falle! Mir blieb nichts anderes übrig, als aus dem Bus zu steigen und mich dem Donnerwetter zu stellen."

Das war der Punkt, an dem die attraktive Jugendliche darum bat, nicht mehr mit in die Kirche gehen zu müssen. Der Vater unterstützte ihre Bitte natürlich. Als sie dann später allein in ihrem Zimmer war, hatte sie trotz allem das Gefühl, sich bei Gott entschuldigen zu müssen: „Die ganze Geschichte tut mir wirklich Leid – ich komme zurück in die Kirche, wenn ich heirate. Das verspreche ich."

In ihrem letzten Schuljahr war Wendys Leben völlig ausgefüllt mit Tanzen, Rauchen und Trinken – aber „keine harten Drogen" versicherte sie Gott. Ihr erster richtiger Freund, der den spanischen Spitznamen „Papo" trug, war gerade vom Heroin losgekommen und hatte seine liebe Mühe, die Finger vom Rauschgift zu lassen. „Ich dachte, ich könnte ihm helfen", gestand sie uns mit einem kaum merklichen Lächeln. „Ich bat ihn, die Drogen zu lassen, dafür tranken wir zusammen Wein." Vielleicht nahm Papo dadurch wirklich weniger Drogen, aber seine dunkelhaarige Freundin trank dafür jetzt regelmäßig.

Eines Abends waren die beiden noch gegen Mitternacht im McCarren-Park mit einer großen Gruppe von Freunden zusammen. Die Jungen spielten Basketball und die Mädchen saßen in der Nähe und unterhielten sich. Alle hatten viel getrunken. Wendy ließ sich auf einer

Parkbank nieder und schlief irgendwann einfach ein, während die anderen nach und nach heimgingen, und sie irgendwann ganz allein dort zurückblieb.

Sie wurde ruckartig wach, als sie Männerhände auf sich spürte. Sie riss die Augen auf. Papo und die anderen waren nirgends zu sehen – da war nur dieser Fremde, der etwas von ihr wollte.

„Panisch überlegte ich, was ich tun sollte. Plötzlich hatte ich eine Idee. Ich sagte zu ihm: ‚Okay, okay, das ist echt cool! Aber weißt du was? Ich muss erst zur Toilette ... ich wohne nur ein paar Straßen von hier. Lass uns doch da hingehen!'"

Erstaunlicherweise ließ sich der Typ darauf ein, obwohl sie mehr als 15 Blocks entfernt wohnte! „Und so ging er den ganzen Weg mit mir bis zu unserem Haus, wo ich fröhlich zu ihm sagte: ‚Ich geh kurz hoch, bin gleich wieder da!' Gott sei Dank war er nicht besonders helle und ließ sich darauf ein." Als Wendy schließlich in der Wohnung ihrer Eltern die Tür hinter sich geschlossen hatte, ging sie natürlich nicht wieder hinunter, sondern schnurstracks ins Bett.

Am nächsten Morgen sagte sie sich ganz nüchtern: „Meine Güte – das war echt knapp letzte Nacht. Ich war wirklich in Gefahr! Wie konnte Papo mich eigentlich auf der Parkbank allein lassen?" Die Suche nach einem netten jungen Mann zum Heiraten erwies sich als schwieriger, als sie gedacht hatte.

Endlich der Richtige?

Der nächste Freund war zumindest in mancherlei Hinsicht besser als sein Vorgänger: Sein Name war John, er nahm keine Drogen und hatte einen Job als Schuhverkäufer. Wendy kannte ihn schon seit Beginn ihrer Schulzeit, und ihre Familie war sehr angetan von dem Jungen, weil er respektvoll und höflich war. Er war fünf Jahre älter als Wendy und hatte bereits eine gescheiterte Ehe hinter sich, aus der eine Tochter hervorgegangen war, für die er jetzt sorgen musste. Das sprach zwar gegen ihn, aber dennoch schien die Zukunft verheißungsvoll.

„Ich war überglücklich", sagte Wendy uns. „Endlich hatte ich *ihn* gefunden, den Mann meiner Träume. Ich hatte eine sichere Stellung bei einer Versicherungsgesellschaft in New York und auch ihm ging es wirtschaftlich gut. Als wir uns am Valentinstag verlobten, war das der Höhepunkt meines Lebens." Sie begannen, die Hochzeit für den Sommer zu planen. Aber dann veränderte sich aus unerfindlichen Gründen Johns Stimmung. Er war Wendy gegenüber nicht mehr so freundlich und großzügig, sondern wurde plötzlich ausgesprochen fordernd. Lag das an den schlechten Erinnerungen an seine Ehe? Wendy wusste es nicht. Er wollte mehr körperliche Nähe, und als sie ihn abwies, weil sie damit bis nach der Hochzeit warten wollte, wurde er ärgerlich.

Nach einer Weile erfuhr Wendy, dass er sich woanders holte, was sie ihm nicht geben wollte, und sie löste die Verlobung sofort.

„Jetzt war ich wirklich einsam", erzählte sie. „Und ich war nicht mehr eng genug mit Gott verbunden, als dass ich ihn hätte um Hilfe bitten können. Ich fing an, immer mehr zu trinken, und immer wenn ich trank, wurde ich wütend und aggressiv – was dazu führte, dass ich ein paar Partys ruinierte und mich von meinen Freunden entfremdete. Nach und nach zog ich mich immer mehr in eine Depression zurück, kam abends von der Arbeit nach Hause und vergrub mich bis zum nächsten Morgen in meinem Zimmer."

Dieses unglückliche und trostlose Leben ging weiter, bis Wendy etwa 25 war. In dieser Zeit wurde ihr Vater plötzlich sehr krank und starb. Kurz zuvor war er Christ geworden und die beiden hatten ein paar sehr offene Gespräche darüber geführt. Sein Tod war für Wendy ein schwerer Schlag.

Zwei Wochen nach der Beerdigung ihres Vaters war Wendy endlich bereit, auf Gott zu hören. *Wendy, es ist jetzt Zeit, wieder nach Hause zu kommen*, schien er zu ihr zu sagen – und sie reagierte darauf. Sie empfand unendliche Erleichterung, als der himmlische Vater, den sie so lange abgewiesen hatte, sie wieder in seinen Armen willkommen hieß.

Am darauf folgenden Sonntag war sie dann in der *Brooklyn Tabernacle*-Gemeinde. Dort gab es nicht die Gesetzlichkeit, die sie von früher kannte – sie entdeckte sogar Frauen in Hosen! –, sondern die Atmosphäre dort war durchdrungen von der Liebe und Gnade Gottes. Wendy entwickelte sich von da an im Glauben weiter. Sie baute Freundschaften mit Christen auf, schloss sich einer Singlegruppe an und sang im Chor.

Jahre vergingen. Wendy war für uns alle ein Segen. Innerlich war jedoch ihr Wunsch zu heiraten so stark wie eh und je. Sie sagte sich: *Also Gott – wo ist er?* Und Gott schien auf diese Herzensfrage nicht zu antworten. Inzwischen erlebte sie mit, wie eine Freundin nach der anderen in der Gemeinde heiratete.

Wendys 30. Geburtstag kam und ging ... dann der 35. Inzwischen machte sie sich Sorgen darüber, ob vielleicht Gottes Plan für ihr Leben gar keine Ehe und Mutterschaft vorsah. Diese Möglichkeit machte sie sehr traurig und in jener Zeit sah man sie nur selten lächeln.

Als sie eines Sonntags allein in ihrer Wohnung war, nahm sie sich Zeit, um Gottes Gegenwart zu suchen und auf ihn zu hören. Ein paar ihrer Freundinnen in der Gemeinde hatten gerade große Probleme und sie wollte für sie beten. Aber noch mehr wollte sie eigentlich mit Gott über ihr Singledasein sprechen. Sie begann zu klagen. „Die Gebetszeit wurde zu einer absoluten Selbstmitleidsveranstaltung", gestand sie später.

Der Herr schien darauf zu reagieren, indem er sagte: „Wendy, das alles tut dir so weh, weil du nicht auf mich schaust, sondern ausschließlich auf die Situation. Du hast vergessen, dass ich die Quelle allen Glücks bin. Es kommt nicht auf die Umstände an. Sieh auf mich."

Es war, als ob dunkle Wolken sich verzogen, als sie darauf erwiderte: „In Ordnung, Herr – ich lege meinen Wunsch nach einem Ehemann ‚auf deinen Altar'. Ich gebe dir diesen Wunsch zurück. Du kannst ihn verbrennen wie ein Opfer. Verbrenne ihn! Ich werde jetzt aufhören, darüber zu jammern."

Und Wendy bekam ihren Seelenfrieden zurück und konnte normal weiterleben. Die einzige konkrete Veränderung, die eintrat, bestand darin, dass sie nach 16 Jahren Tätigkeit bei der Versicherung kündigte und die Berufung in den vollzeitlichen Dienst der *Brooklyn Tabernacle*-Gemeinde annahm, wodurch sie zu einem noch größeren Segen wurde.

„Auf gar keinen Fall ..."

Etwa ein Jahr später suchte ein Mann Pastor Michael Durso von der *Christ Tabernacle*-Gemeinde in Queens, eine unserer Tochtergemeinden, auf, weil er Hilfe brauchte. Im Laufe des Gesprächs mit dem Pastor vertraute er sein Leben Jesus an. Er hieß John Alvear – und es war derselbe John, der in Wendys Leben einmal eine wichtige Rolle gespielt hatte.

Schon bald tauchte John in der *Brooklyn Tabernacle*-Gemeinde auf, wo er Wendy suchte. Ein paar Chormitglieder erzählten ihr davon, was bei ihr sofort große Befürchtungen auslöste. Sie dachte: *John will wieder Teil meines Lebens sein? Auf gar keinen Fall! Damit kann ich nicht umgehen. Das ist bestimmt eine Falle vom Feind! Die Leute haben zwar gesagt, dass er zum Glauben gekommen ist und dem Herrn dient, aber trotzdem ...*

Wendy ging John eine ganze Weile aus dem Weg und war nur in Gesellschaft vieler anderer Freunde und Freundinnen bereit, sich mit ihm zu verabreden und gemeinsam etwas zu unternehmen. Johns Einstellung hatte sich wirklich geändert; er war eine neue Schöpfung in Christus geworden. Er und Wendy trafen sich jetzt öfter und freundeten sich fest an und es entwickelte sich eine echte Herzensbeziehung.

Wendy hatte immer noch Sorge, sich mit einem „Babychristen", wie sie es nannte, einzulassen. Immerhin war sie jetzt schon seit fast zehn Jahren mit Jesus unterwegs und John war erst seit etwa vier Monaten Christ. Sie drängte ihn, mit Pastor Dan Impaglia zu reden, einem der damaligen Ko-Pastoren in der *Brooklyn Tabernacle*-Gemeinde, und John und Dan verabredeten sich auch wirklich zu einem gemeinsamen Mittagessen. Als der Pastor und Wendy sich am nächsten Tag in der Gemeinde über den Weg liefen, fragte Wendy, wie es gelaufen sei.

„Er macht auf mich einen wirklich netten Eindruck, und ich glaube, er meint es ernst", sagte Pastor Impaglia. „Ich glaube, dass es ihm mit seinem Glauben an Jesus Christus wirklich ernst ist."

Aber auch das genügte ihr noch nicht. Als Nächstes wollte Wendy mit mir reden. Ich sagte: „Hab keine Angst vor dem, was Gott in deinem Leben tut. John ist ein ganz besonderer Mann."

Wendy machte sich immer noch Sorgen darüber, ob sie nach all der Zeit wirklich selbst erkennen konnte, was Gott für sie wollte. Und eines Tages rief John sie dann im Büro an. Sie fingen an, über ihre Beziehung zu reden, und John sagte mit großem Ernst: „Ich versuche einfach nur, das zu leben, was Gott mit mir vorhat – das ist mir das Wichtigste im Leben. Eigentlich habe ich nie aufgehört, dich zu lieben.

Aber das Wichtigste ist für mich, Gottes Willen zu tun, seinem Plan für mich zu folgen – selbst wenn du nicht in diesen Plan gehörst." Bei diesen Worten kamen ihm die Tränen und auch Wendy musste weinen.

Und so kam es, dass Wendy im Alter von 37 Jahren endlich heiratete. Ihre Hochzeit war eine wahre Explosion von Freude. Was für ein besonderes Paar diese beiden für das Gemeindeleben wurden!

Wendy befürchtete, dass es für sie schon zu spät sein könnte, noch Kinder zu bekommen, aber im folgenden Jahr wurde die kleine Jeniece Rebecca geboren. Im Alter von 39 Jahren brachte Wendy noch John Eric zur Welt. Vor kurzem konnten sie sich ein eigenes Haus in Staten Island kaufen, auf der anderen Seite des Hafens von Brooklyn.

Zum Abschluss ihres Berichtes an jenem Abend in der Gemeinde sagte Wendy: „Was auch immer Sie tun, fragen Sie nach dem Willen Gottes für Ihr Leben. Er wird alles richten – er weiß, was das Beste für Sie ist, und genau das will er Ihnen auch geben."

Überlassen Sie es Gott

Das Schwerste am Glauben ist das Warten. Und das Problematische dabei ist, dass wir die Schwierigkeiten noch verschlimmern, wenn wir nicht warten. Wir machen die Situation durch unsere Ungeduld oft so kompliziert, dass es für Gott viel länger dauert, es wieder in Ordnung zu bringen, als wenn wir gleich auf sein Wirken und Eingreifen gewartet hätten.

Gottes Timing ist uns oft ein Rätsel und manchmal auch ausgesprochen frustrierend. Aber wir dürfen nicht aufgeben. Wir dürfen nicht versuchen, aus eigener Kraft eine Lösung herbeizuführen, sondern sollten lieber auf ihn vertrauen und auf sein Eingreifen und Handeln warten. Während dieser Wartezeit sind wir nicht allein. Wir treten nur dem großen Heer der Heiligen hinzu, die im Laufe aller Zeitalter geprüft und geläutert wurden, während sie auf Gott warteten. Das meinte auch David, als er bezeugte: „Unbeirrt habe ich auf den Herrn gehofft ..." (Ps 40,2).

Statt die Dinge selbst in die Hand zu nehmen oder von Gott gar keine Hilfe mehr zu erwarten, lernte David, darauf zu warten, dass

Gott seine Pläne für das Leben von David umsetzte. Und nach einer Weile erwies sich Gott wie immer als treu, denn David fährt fort: „Er hat mein Schreien gehört und hat mir geholfen. Ich sah mich schon im Grabe liegen, ich sah mich im Sumpf versinken; doch er hat mich herausgezogen und mich auf Felsengrund gestellt" (Verse 2–3). Was dann geschah, war ruhmreich und großartig, aber es geschah erst nach einer Zeit vertrauensvollen Wartens.

> Gottes „Timing" ist uns oft ein Rätsel und
> manchmal auch ausgesprochen frustrierend.
> Aber wir dürfen nicht aufgeben.
> Wir dürfen nicht versuchen,
> aus eigener Kraft eine Lösung herbeizuführen.

Geben Sie heute nicht auf und geben Sie nicht den Stimmen des Unglaubens und der Ungeduld nach.

Kapitel 8

Mutlosigkeit und Entmutigung überwinden

Wenn jemand hier in New York City etwas Seltsames sagt, dann gehört zu den gängigen Reaktionen darauf: „Nun komm aber mal zurück in die Wirklichkeit", „Sei doch mal realistisch" oder mit anderen Worten: „Bitte komm zurück auf den Planeten Erde zu uns anderen und rede vernünftig." Wo auch immer Sie leben, ich bin sicher, dass Sie schon einmal diese Kritik gehört haben, dass jemand „unrealistisch" ist. Ein solcher Mensch ist dann nicht so wie wir anderen intelligenten Menschen, die wir glücklich mit beiden Beinen auf dem Boden der Tatsachen stehen.

Lassen Sie mich von einer Zeit erzählen, in der eine Gruppe sehr kluger Menschen großen *Realismus* an den Tag legte, der auf eindeutigen Tatsachen beruhte – allerdings mit verheerenden Folgen. Mose hatte das hebräische Volk aus Ägypten herausgeführt, und zwar auf Gottes Verheißung hin, dass er ihnen ein wunderbares Land geben würde. Nachdem Mose die Zehn Gebote und andere Anweisungen von Gott bekommen hatte, sandte er zwölf Kundschafter aus, um in Erfahrung zu bringen, wie es in Kanaan aussah. Gott hatte schon gesagt, dass er den Hebräern eben dieses Land geben würde; ja, er hatte diese Verheißung sogar schon ein paar Jahrhunderte zuvor Abraham gegeben.

Mose schickte die Zwölf einfach mit dem Auftrag los, Informationen zu sammeln, nicht, sich eine Meinung zu bilden. Er gab ihnen lediglich die Anweisung: „Seht euch Land und Leute genau an! Kundschaftet aus, wie viele Menschen dort wohnen und wie stark sie sind. Achtet darauf, ob ihre Städte befestigt sind oder nicht. Seht, ob ihr Land fruchtbar ist und ob es dort Wälder gibt" (Num 13,18–20).

Das klingt wie die Aufgabenstellung einer Geografieklassenarbeit in der fünften Klasse.

Niemand hatte den Kundschaftern aufgetragen, Schlussfolgerungen zu ziehen. Niemand hatte sie gebeten, die Aussichten auf militärische Erfolge auszuloten. Das hatte Gott bereits alles zugesagt.

Als sie von ihrem Auftrag zurückkamen, waren jedoch zehn der Spione weit über ihren eigentlichen Auftrag hinausgegangen. Sie gaben die genauen Daten weiter – und wurden dann sofort „realistisch", indem sie sagten: „Wir können es nicht (das Land erobern)! Das Volk im Land ist viel stärker als wir ... In diesem Land kann man nicht leben. Es verschlingt seine Bewohner ... Wir haben uns ihnen gegenüber wie Heuschrecken gefühlt, und genau so winzig müssen wir ihnen auch vorgekommen sein" (Verse 31–33). Dieser Bericht widersprach allem, was Gott versprochen und zugesagt hatte, und so schadete ihr auf dem gesunden Menschenverstand beruhender Realismus einer ganzen Generation des Volkes Israel. Das Volk geriet in Panik und begann, an Mose herumzunörgeln und gegen ihn aufzubegehren.

Wer hätte vorhersagen können, dass diese Männer einen historischen Wendepunkt herbeiführen würden? Wer hätte wissen sollen, dass dieser Bericht und die Entmutigung, die er auslöste, Gott so sehr provozierte, dass er sagte: „Also gut – das war's! Ihr werdet jetzt doch *nicht* in das Land Kanaan kommen, sondern zunächst weitere 38 Jahre in der Wüste umherirren. Ja, mehr noch, die meisten von euch werden das gelobte Land überhaupt nicht betreten. Ihr werdet alt werden und hier draußen in der Wüste sterben."

Das Erstaunliche an der ganzen Angelegenheit war, dass diese Menschen schon selbst gesehen und miterlebt hatten, wie Gott übernatürliche Dinge getan hatte. Sie hatten die zehn Plagen der Ägypter miterlebt. Sie waren im Glauben ins Rote Meer hinausgelaufen, und sie hatten geglaubt, dass das Wasser so lange niedrig bleiben würde, bis sie am anderen Ufer angekommen waren. Sie hatten gesehen, wie Gott einen Berg mit donnernder Kraft bewegt hatte. Sie waren dabei gewesen, als Mose mit dem Gesetz Gottes, das dieser mit seinem Finger auf Stein geschrieben hatte, wieder vom Berg heruntergekommen war.

Nun aber entschieden sie sich dafür, eher dem Bericht eines Menschen zu glauben als den Versprechen Gottes. Die Bibel bezeichnet den Bericht der zwölf Kundschafter als „böses Gerücht" (Num 13,32; Luther). Was war daran so böse? Schließlich trafen die Fakten ja zu.

Realistisch gesehen waren die Israeliten wirklich kein adäquater Gegner für die grimmigen Stämme Kanaans. Aber aus dem Bericht der Kundschafter sprach tiefer Unglaube, der zur Entmutigung beim Volk Gottes führte. Gott wurde durch ihr Misstrauen provoziert.

> Glauben wir, was uns unsere Gefühle oder die Umstände sagen, oder glauben wir das, was Gott zu tun versprochen hat?

Heute, Tausende von Jahren später, hat sich beim Volk Gottes nur wenig verändert: Glauben wir, was unsere Gefühle oder die Umstände sagen, oder glauben wir, was Gott zu tun versprochen hat?

Das „große E" erobern

Diese Geschichte von den Kundschaftern lehrt uns mehrere Dinge:
Nicht der Start zählt beim Rennen, sondern der Zieleinlauf. Weil diese Menschen der Entmutigung nachgaben, erlebten sie nie, wie sich die Verheißungen Gottes für ihr Leben erfüllten. Wir halten uns heutzutage manchmal mit einer Theologie zum Narren, die uns einredet: „Also, Gott wird sich schon irgendwie um alles kümmern. Es ist egal, was wir tun; der Herr ist ja souverän, weißt du." Aber das stimmt so nicht.

Die Wahrheit ist, dass es ohne Glauben unmöglich ist, Gott zu gefallen. Wir empfangen Dinge – selbst die Dinge, die Gott uns verheißen hat – nur, wenn wir Glauben und Vertrauen haben. So wie Jesus zu den beiden blinden Männern sagte: „Was ihr in eurem Vertrauen von mir erwartet, das soll geschehen" (Mt 9, 29). Das heißt, dass wir in unserem Leben nur so viel von Gott sehen werden, wie unser Glaube zulässt. Die Versprechen Gottes kann man nur durch Glauben in Besitz nehmen. Gott möchte ein Volk, das ihm glaubt und ihn beim Wort nimmt, völlig ungeachtet der Umstände und auch völlig ungeachtet dessen, was andere Leute uns weismachen wollen.

Josua und Kaleb, die beiden sich in der Minderheit befindlichen Kundschafter, waren zwei solche Menschen, die Gott beim Wort nahmen. „Wir können das Land sehr wohl erobern", sagten sie, „wir sind stark genug" (Num 13,30). Und dabei hatten sie dieselben Feinde gesehen wie die anderen Kundschafter auch. Deshalb machte Gott ihnen auch folgendes wunderbare Kompliment: „In ihm war ein anderer Geist, er ließ sich nicht beirren und hat mir vertraut" (Num 14,24). Weil Josua und Kaleb sich auf die Verheißungen Gottes stellten, durften sie als Einzige das gelobte Land betreten. Die anderen zehn Kundschafter und mit ihnen das gesamte Volk Israel starben unterwegs.

Wir stehen unser ganzes Leben lang immer wieder so sehr unter Druck, dass wir uns manchmal einfach nur noch hinlegen und aufgeben möchten. Auch der geistlichste Mensch der Welt gerät in die Versuchung, den Mut zu verlieren. Ich erinnere mich an ein Fernsehinterview mit Billy Graham und seiner erfrischend ehrlichen Frau Ruth. Der Talkmaster David Frost fragte sinngemäß: „Sie beide lesen in der Bibel und beten regelmäßig gemeinsam. Aber sagen Sie doch mal ehrlich, Mrs. Graham: Haben Sie in all den Jahren mit Billy niemals Probleme oder Meinungsverschiedenheiten gehabt? Haben Sie nie auch nur ein einziges Mal an Scheidung gedacht?"

„Nicht ein einziges Mal", erwiderte sie wie aus der Pistole geschossen. „An Mord schon ein paar Mal – aber an Scheidung nie!"

Offensichtlich gibt es sogar im Hause Graham Herausforderungen, die es zu bewältigen gilt. Auch Sie und ich haben unser Päckchen zu tragen, aber das Wichtigste ist, dass wir auch am Ende unseres Lebens immer noch so viel Vertrauen zu Gott haben wie der Evangelist und seine Frau.

Die größte Schlacht der Menschheitsgeschichte tobt nicht in Kriegen zwischen Nationen, sondern in Ihrem und meinem Herz: Es ist der Kampf um den Glauben. Die Gerechten müssen nicht nur durch den Glauben beginnen, sondern auch weiterhin durch ihn und in ihm leben (Röm 1,17). Glaube ist für den ganz normalen Alltag eines Christen genau so wichtig wie für seine Rettung ganz am Anfang.

Der Kirchenvater Atanasius sagte dazu: „Ich kann nichts ohne die Hilfe Gottes tun, und zwar von Augenblick zu Augenblick. Denn gibt es, so lange wir hier auf dieser Erde sind, auch nur einen einzigen Augenblick, in dem wir sicher sind vor Versuchungen und vor der Sünde?"[1] Nur die Gnade Gottes kann uns erhalten und diese Gnade wird durch unseren Glauben freigesetzt.

Kaleb lebte sein ganzes Leben lang in dieser Haltung des Glaubens. Das Buch Josua zeigt ihn als alten Mann, lange nach seinem Abenteuer als Kundschafter, wie er eine aufrüttelnde Rede vor seinem älteren Partner Josua hält, der jetzt für das Volk verantwortlich ist:

„Ich war damals 40 Jahre alt, und Mose, der Diener des Herrn, hatte mir den Auftrag gegeben, von dort aus das Land zu erkunden. Als ich zurückkam, berichtete ich darüber so, wie es meiner Einsicht entsprach. Die Männer, die mit mir das Land erkundet hatten, machten dem Volk Angst; aber ich ließ mich nicht beirren und habe dem Herr, meinem Gott, vertraut ...

Seither sind 45 Jahre vergangen, und der Herr hat mein Leben bewahrt, wie er es mir versprochen hatte, während der ganzen Zeit, in der die Israeliten in der Wüste umhergezogen sind. Sieh mich an! Ich bin jetzt 85 Jahre alt und noch genau so stark wie früher, als Mose mich losschickte, und kann noch genauso gut in den Krieg ziehen. Darum gib mir nun als meinen Anteil das Bergland, von dem der Herr gesprochen hat. Du weißt noch von damals, daß dort die Anakiter in großen, stark befestigten Städten wohnen. Vielleicht steht der Herr mir bei, so daß ich sie vertreiben kann; er hat es mir ja zugesagt" (Jos 14,7–8, 10–12).

Kaleb trat nie in den Ruhestand. Er machte einfach weiter und der Glaube hielt ihn jung und gab ihm ein starkes Herz. Bis zum Ende seines Lebens wollte er gegen die Feinde des Herrn kämpfen, egal, wie sehr sie sich auch verschanzt zu haben schienen. Er wusste, dass Gott alles tun konnte, und er wollte ein Teil des Handelns Gottes sein, so lange er konnte. Sein geistlicher Eifer schien nie durch Entmutigung zu versanden.

Jetzt wird deutlich, wie wichtig der Vers im Hebräer-Brief ist, in dem es heißt: „Einige haben sich angewöhnt, den Gemeindeversammlungen fernzubleiben. Das ist nicht gut; vielmehr sollt ihr einander Mut machen. Und das um so mehr als ihr doch merken müsst, daß der Tag nahe rückt, an dem der Herr kommt!" (Hebr 10,25). Wenn wir zur Gemeinde gehören und Gemeinschaft mit Christen haben, sollten wir nie den Mut verlieren – wir erleben schon genug Mutlosigkeit in unserem Umfeld. Selbst wenn Gott unsere Herzen ganz direkt nach Sünde erforscht, sollten wir die Gemeinde trotzdem nicht mutlos verlassen, weil der Geist uns Reinigung und neue Kraft in unser Herz legt, wenn er unseren Ungehorsam einmal aufgedeckt hat. Er wird dafür sorgen, dass wir seine Liebe und seine Verheißungen in einem neuen, klareren Licht sehen.

Eine der wichtigsten Bezeichnungen für den Heiligen Geist ist „Tröster". Und eine der wichtigsten Bezeichnungen für den Teufel, der ja gern den Heiligen Geist als etwas ganz Unpersönliches darstellt, ist „der Ankläger". Der Ankläger ist ständig damit beschäftigt und hat es sich zur Aufgabe gemacht, uns herunterzuziehen und immer wieder Zweifel zu sähen.

Ehefrauen, die negativ und entmutigend sind, können in ihren Familien manchmal mehr Schaden anrichten als jede Drogensucht. Männer, die im Umgang mit ihren Familien immer das Haar in der Suppe suchen und sich dadurch gegen die Verheißungen Gottes stellen, bewegen sich auf gefährlichem Terrain. Sie halten sich an das Beispiel der zehn Kundschafter und wiederholen: „Ja, aber ..." und: „Das hört sich ja gut an, aber wir können doch nicht ..."

Die Amerikaner führen Krieg gegen „das große C" (amerik. *cancer*, „Krebs"). Einzelpersonen und auch die Regierung investieren Unsummen in den Kampf gegen diese schreckliche Krankheit, an der Millionen von Menschen leiden. Wenn wir uns nur im geistlichen Bereich genauso sehr engagieren würden, um „das große E" – die Entmutigung – zu bekämpfen. Sie tötet nicht den Körper, sondern die Seele. Ihr schrecklicher Preis für Menschen, die zu Gott gehören, ist größer, als man es je berechnen könnte.

> Das einzige Krankenhaus, in dem „das große E" – Entmutigung – behandelt werden kann, ist das Krankenhaus des Wortes Gottes, das vom Heiligen Geist geleitet wird.

Ich habe schon oft versucht, Paare seelsorgerlich zu beraten, denen klar war, dass sie Probleme hatten. Ihnen standen die schmerzhaften äußeren Fakten ihrer Situation deutlich vor Augen und sie konnten sie genau beschreiben. Aber diese Menschen waren so negativ und pessimistisch eingestellt, dass ich manchmal am liebsten geschrien hätte.

Es ist ganz deutlich, dass sie weder glaubten noch erwarteten, dass Gott tut, was er denen versprochen hat, die zu ihm gehören.

Versuchen Sie doch einmal, alle Stellen in der Bibel zu zählen, in denen Gott zu uns sagt: „Hab Mut", „Fürchte dich nicht" oder: „Hab keine Angst". In dem geistlichen Kampf geht es nicht darum, dem fern zu bleiben, was in unserem Umfeld geschieht, sondern darum, an den Versprechen und Verheißungen Gottes festzuhalten.

Das einzige Krankenhaus, in dem „das große E" – Entmutigung – behandelt werden kann, ist das Krankenhaus des Wortes Gottes, das vom Heiligen Geist geleitet wird. Nur da kann unser Geist gerichtet und wiederhergestellt werden.

Unüberlegtes Reden

Der Feind gebraucht ganz normale Menschen, um uns zu entmutigen. Wer verursachte denn damals an jenem Tag in der Wüste die Probleme? Kein Teufel mit Hörnern. Es waren einfache Menschen, die redeten. Menschen, die zur Gemeinschaft der Israeliten gehörten, keine heidnischen Fremden. Es waren Menschen, die jeder kannte und die von allen geachtet waren. Es waren von Mose handverlesene Personen.

Es ist sehr wichtig, genau darauf zu achten, mit wem wir reden. Manche Stimmen sind *nicht* gut für uns. Manchen Leuten geht man besser aus dem Weg. Menschen, die negativ eingestellt sind und eigentlich nicht richtig an Gott glauben, haben auch eine negative Wirkung auf Ihren Geist. Sie brauchen dann Weisheit von Gott, wie Sie das Thema wechseln können oder sich der Situation sogar völlig entziehen, ohne dabei verletzend zu sein.

Unkontrollierte Gefühle

Entmutigung steht auch im Kern anderer Reaktionen. In Numeri, Kapitel 14, Vers 1 heißt es: „Die ganze Gemeinde Israel schrie laut auf vor Entsetzen, und die Leute weinten die ganze Nacht." Das gesamte Lager verwandelte sich in eine gewaltige Selbstmitleidsveranstaltung. Normalerweise werden Tränen, die vor Gott vergossen werden, in der

Bibel hoch geschätzt und gewürdigt, aber dieses Weinen hatte seine Ursache in Unglauben und Angst.

Ich habe Menschen schon sehr emotional beten gehört, aber ihr mangelnder Glaube führte dazu, dass ihr Gebet sich eher anhörte wie damals die Israeliten in ihren Zelten. Sie schütteten nicht so sehr ihr Herz und ihre Seele vor Gott aus, sondern ließen vielmehr ihre Angst und ihren Frust ab.

> Lassen Sie uns endlich aufhören, die Schuld für unseren Unglauben dem Pastor zuzuschieben, den wir einmal hatten, oder unserer schweren Kindheit oder den Umständen oder sonst irgendetwas. Es gibt keine Entschuldigung dafür, nicht an Gott zu glauben.

Die Tränen der Israeliten führten schon bald zur Blasphemie. Sie beschuldigten Gott, er hätte sie nur aus Ägypten herausgeführt, um sie schließlich sterben zu lassen (Vers 3). Überlegen Sie mal, was für eine Lästerung das war – und alles hatte ganz einfach damit angefangen, dass sie daran zweifelten, ob der Herr auch wirklich tun würde, was er versprochen hatte. Jetzt waren sie also schon so tief gesunken, dass sie schreckliche Dinge über den Gott Israels sagten.

Dann (Vers 4) fingen sie an, darüber zu beraten, wie sie Mose loswerden konnten. Entmutigung führte von emotionaler Überreaktion zur Gotteslästerung und dann zur Rebellion. Alles geriet aus den Fugen. „Der Führer hat Schuld", riefen sie.

Wie viele Gemeinden fallen auch heutzutage auseinander, weil Menschen nicht mehr in erster Linie auf die Macht Gottes schauen – und bevor man sich's versieht, sind sie wild entschlossen, den Pastor zu entlassen.

Lassen Sie uns aufhören, die Schuld für unseren Unglauben auf unseren ehemaligen Pastor zu schieben oder auf unsere schwere Kindheit oder auf die Umstände oder etwas anderes. Es gibt keine Entschuldigung dafür, nicht an Gott zu glauben. Jesus stellt uns auch heute noch vor dieselbe Herausforderung wie damals Petrus am See. Petrus ging zwar auf dem Wasser, „als er dann aber die hohen Wellen sah, bekam er Angst. Er begann zu versinken und schrie: ‚Hilf mir, Herr!' Sofort streckte Jesus seine Hand aus, fasste Petrus und sagte: ‚Du hast zu wenig Vertrauen! Warum hast du gezweifelt?'" (Mt 14,30–31).

Glaube mit langem Atem

Jetzt wird also deutlich, warum die Bibel so oft von den großen Tugenden der *Beharrlichkeit und Ausdauer* spricht, von der heutzutage nicht mehr so oft die Rede ist. Wir Menschen haben eher einen Hang zum Spektakulären, zu tollen Predigten und dynamischen Geistesgaben. Aber der beharrliche Glaube, der an Gott festhält und all die unterschiedlichen Lebenssituationen überdauert, egal, wie schwierig sie sind – *das* ist etwas, worum wir Gott immer mehr bitten sollten.

Vincent und Daphne Rodriguez gehören zu dieser Art „Salz-der-Erde-Menschen", die ein Pastor nur zu gern in seiner Gemeinde hat. Sie wohnen im New Yorker Stadtteil Queens. Vincent arbeitet schon seit vielen Jahren als Postzusteller, Daphne kümmert sich als passionierte Hausfrau um die drei Kinder.

Eines Sommers arbeitete Vincent als Helfer in einem Sommercamp für Kinder in den *Catskill Mountains* mit. Besonders die Kinder, die keinen Vater hatten, rührten ihn an. Er und Daphne sprachen über das offensichtliche Bedürfnis dieser Kinder nach Liebe und Fürsorge. Die Rodriguez, damals beide um die Vierzig, bewarben sich dann irgendwann um ein Pflegekind.

Sie hatten kaum die dafür nötige Schulung beendet, es war ein paar Tage vor Weihnachten 1988, da klingelte mittags gegen eins das Telefon. Im Beth-Israel-Krankenhaus war einen Monat zu früh ein kleines Mädchen geboren worden, das durch die Drogensucht der Mutter süchtig war nach Kokain, Heroin und Crack und jetzt dringend ein Zuhause brauchte. Sie wog inzwischen die für die Entlassung erforderlichen 2 500 Gramm und brauchte sofort eine Pflegefamilie. Die Mutter der Kleinen war drogenabhängig und eindeutig nicht in der Lage, sich um ihr Kind zu kümmern, weil sie meistens als Prostituierte auf der Straße unterwegs war.

Ob sie bereit wären, das Baby aufzunehmen, fragte man Vincent und Daphne.

„Wir hatten keine Ahnung von Drogensucht bei Säuglingen", sagte Daphne, die genau wie ihr Mann eher ein stiller Typ ist. „Wir hatten angenommen, dass wir wahrscheinlich ein gesundes Kind bekommen würden, das vielleicht nur aus wirtschaftlich schwierigen Verhältnissen stammte. Ohne zu wissen, worauf wir uns da eigentlich einließen, sagten wir zu."

Am nächsten Abend gegen 22.00 Uhr standen zwei Sozialarbeiter mit einem in Decken gewickelten kleinen Bündel vor der Tür und in den folgenden 24 Stunden stand die Familie Rodriguez eigentlich ständig in einem Kreis um das Kind herum und bestaunte es. Wenn die Kleine schrie, und das tat sie häufig, wurde sie von einem Arm in den nächsten gereicht.

„Sie tat uns so Leid", sagte Vincent. „Sie war unser Überraschungsgeschenk zu Weihnachten, und wir waren glücklich, dass Gott sie uns über den Weg geschickt hatte."

Aber das Mädchen sah nicht aus wie ein normales Baby, denn der Stress des Drogenentzugs war ihr deutlich anzusehen. In der Gemeinde wurde sie in einem Gottesdienst am Sonntagnachmittag gesegnet, als sie zwei Monate alt war – und drei Kilo wog. Ich brach beinahe zusammen, als ich sie vor Gott hochhielt, und die Gemeinde adoptierte sie als ihr Kind.

Bei Familie Rodriguez kehrte wieder der Alltag ein, zu dem jetzt die Versorgung eines extrem unruhigen Säuglings gehörte. Wegen des Rauschgiftentzugs quängelte oder schrie sie fast pausenlos. Daphne war darauf vorbereitet gewesen, nachts aufstehen zu müssen, um das Baby zu füttern, aber sie hatte nicht damit gerechnet, dass das alle zwei Stunden nötig sein würde, weil das Baby auf Grund seiner angegriffenen Nerven häufig Nahrung brauchte und saugen musste. Sie ging mit der Kleinen auf und ab und hielt sie fest im Arm, um ihr das Gefühl von Sicherheit zu geben. Die Wochen vergingen, und die ganze Sache wurde für Daphne sehr viel schwieriger, als sie ursprünglich angenommen hatte. Trotzdem hatte sie aber das Gefühl, dass es Gottes Wille für sie war, dieses Kind aufzunehmen.

„Ich sagte mir immer wieder, dass Gott seine Hand über ihr hielt, denn er hatte sie am Leben gelassen, obwohl sie bei der Geburt nur etwa 1 200 Gramm gewogen hatte", erzählte Daphne. „Man hatte ihr noch nicht einmal einen Namen gegeben. Also suchten wir selbst einen aus; dem Vorschlag unserer Tochter folgend, gaben wir ihr den wunderschönen biblischen Namen Hannah."

Daphne überlegte, dass sie vielleicht wenigstens täglich ein wenig ungestörten Schlaf bekäme, wenn ihre beiden halbwüchsigen Töchter sich nach der Schule eine Weile um das Baby kümmerten, damit sie dann wieder fit für die Nacht war. Ansonsten bekam sie meist nicht mehr als eine Stunde Schlaf am Stück. Und auch Vincent bekam keinen ungestörten Schlaf mehr.

„Aber selbst in den Zeiten, in denen ich erschöpft war oder es mir selbst nicht gut ging, machte ich weiter", erinnerte sich Daphne. „Tagsüber versuchte ich, die Kleine mit christlicher Musik zu beruhigen. Besonders ein Lied – ‚I Exalt Thee' von Phil Driscoll schien sie zu beruhigen. Sobald es gespielt wurde, hörte sie auf zu zittern. Wir spielten das Lied jeden Tag und jedes Mal hörte das Schreien auf."

Wenn ich die Rodriguez' in der Gemeinde sah und fragte, wie es ihnen ging, reagierte Daphne meist mit einer Art Achselzucken und den Worten: „Es ist wirklich hart, Pastor! Sie braucht mich die ganze Nacht und ich bekomme kaum Schlaf." Ich war besorgt um Daphne, und mehr als einmal bat ich die Gemeinde, für die Familie Rodriguez zu beten.

Mit der Zeit verbesserte sich Hannahs Zustand. Sie nahm zu und am Ende des ersten Lebensjahres schlief sie nachts auch endlich durch. Sie begann später als andere Kinder zu krabbeln und zu laufen, aber das war zu erwarten gewesen. Dasselbe galt für ihre Hyperaktivität.

Mit einer besonderen „Ernährung" aus ständigem Gebet und viel Liebe wuchs Hannah zu einem Kleinkind heran. Wenn sie an die nahende Einschulung dachte, machte Daphne sich jedoch Sorgen. Würde dieses Kind jemals still sitzen und lernen können? Sie ließ Hannah testen, um festzustellen, ob sie unter ADD (*attention deficit disorder*) litt, mit dem Ergebnis, dass die Kleine im Alter von dreieinhalb bis fünf Jahren an einem Förderprogramm teilnahm. Das Programm hatte die positive Nebenwirkung, dass die überforderte Mutter entlastet wurde.

Als Hannah fünf Jahre alt wurde, adoptierten Vincent und Daphne sie. Die Unterschrift unter den Adoptionspapieren, mit denen die Rodriguez' endgültig und für immer die Verantwortung für Hannah bekamen, war kaum trocken, als ein ganz neues Problem auftauchte. Hannah bekam eine Erkältung, die sie einfach nicht wieder loswurde; ihr Gesicht wurde trocken und fleckig, und daran änderte sich auch nichts, bis Daphne schließlich mit ihr zum Arzt ging und eine gründliche Untersuchung veranlasste. Zwei Tage später wurde sie von der Arzthelferin angerufen: „Sie müssen noch einmal in die Sprechstunde kommen."

„Warum?", fragte Daphne, „was ist denn los?"

„Nun, es muss da noch etwas genauer abgeklärt werden. Die Enzymwerte der Leber sind viel zu hoch. Wir müssen noch einmal einige Tests machen."

Und schon bald kam die Wahrheit ans Licht: Das kleine Mädchen, das wegen der Sucht der Mutter bereits einen Drogenentzug hatte durchstehen müssen, hatte außerdem Hepatitis C – eine schwere Krankheit, die den Körper entkräftet, manchmal eine Gelbfärbung von Augen und Haut mit sich bringt und im Laufe der Zeit die Leber zerstört.

„Oh Gott – wie kann das sein?", weinte Daphne. „Nach alledem, was wir mit Hannah schon durchgemacht haben – warum ist das nicht schon bei ihrer Geburt festgestellt worden?"

So viele Fragen, auf die es doch keine Antworten gab. Mutlosigkeit machte sich bei Familie Rodriguez breit. Als sie mir die schlimmen Neuigkeiten erzählten, war mir klar, dass für die gesamte Gemeinde ein neuer Glaubenskampf um Hannah begonnen hatte.

Wir wandten uns an die Gebetsgruppe der Gemeinde (das sind Menschen, die abwechselnd rund um die Uhr beten, und zwar sieben Tage in der Woche) sowie die Chormitglieder und wen wir sonst noch erreichen konnten, um für Hannah zu beten. Wir waren uns einig, dass Gott dieses Kind geschaffen und durch den Schrecken des Drogenentzugs getragen hatte, und jetzt standen wir vereint gegen diese neuerliche Bedrohung. „Gott muss etwas ganz Besonderes mit ihr vorhaben", sagten wir.

Mit Hilfe der Heilsarmee, die auch die Pflegestelle und die Adoption von Hannah vermittelt hatte, fanden die Rodriguez' einen Spezialisten im *Schneider Children's Hospital,* der sich Hannahs Fall annahm und einen Behandlungsplan für sie erstellte. Vincent lernte sogar, seiner Tochter selbst Spritzen zu geben, was in den folgenden 18 Monaten dreimal in der Woche nötig war, und Hannahs Zustand stabilisierte sich.

In der Grundschule tat sich Hannah mit dem Lernen sehr schwer. Daphne war häufig in der Schule anzutreffen, wo sie mit den Lehrern zusammen nach Lösungen für ihre kleine Tochter suchte, und das mit Erfolg, denn Hannahs Leistungen wurden allmählich besser, weil die Familie nie aufgab, so unüberwindlich die Hindernisse auch schienen. Sie weigerten sich einfach, den Kampf um Hannah aufzugeben.

Heute ist Hannahs Hepatitis C zum Stillstand gekommen und sie braucht keine Medikamente mehr. Sie ist ein hübsches kleines Mädchen mit einem runden Gesicht und einem schüchternen Lächeln.

„Wir vertrauen einfach darauf, dass der Herr sie vollständig heilen wird", sagt Vincent. „Was wird sie später einmal für ein Zeugnis geben können! Manchmal sage ich zu meiner Tochter: ‚Eines Tages wirst du auf dem höchsten Hochhaus von New York stehen und es allen erzählen!' Sie lächelt immer, wenn ich das sage, und ich auch. Das Wunder bahnt sich an."

Bleiben Sie auf Kurs

Der Apostel Paulus wusste, dass diese Art geistlicher Ausdauer und Beharrlichkeit für seine geistlichen Kinder von ganz besonderer Bedeutung war. Er schrieb: „Gott möge euch stärken mit seiner ganzen Kraft und göttlichen Macht, damit ihr alles geduldig und standhaft ertragen könnt und ihm, dem Vater, voll Freude dankt" (Kol 1,11). Zärtlich betete er für sie und bat Gott, dass sie fähig würden, weiterzumachen, egal, welchen Angriffen ihr Glaube ausgesetzt war.

Viele spektakuläre Gaben und Talente bedeuten auf lange Sicht nicht viel. Je älter ich werde, desto mehr weiß ich Leute zu schätzen, die einfach ihren Weg mit Gott gehen. Sie sind nicht ganz oben oder ganz unten, nicht ganz rechts oder links; sie sind einfach gleichmäßig auf Kurs, loben Gott und glauben an sein Wort.

Genau wie unser Körper Kraft braucht, um zu funktionieren, braucht unser Geist Ausdauer. Wenn unser Glaube durch Entmutigung geschwächt wird, fällt es uns schwer, uns auf Gottes Verheißungen zu berufen. Es macht uns Mühe, bei Versuchungen nein zu sagen. Es ist leicht, dem Teufel nachzugeben. „Das große E" für Entmutigung droht unser geistliches Leben zu vernichten oder sogar völlig auszulöschen. Aber durch Gott können wir die Kraft bekommen zu widerstehen. Er kann uns den Geist Kalebs und Josuas geben, der trotz aller Schwierigkeiten siegt.

> Viele spektakuläre Gaben und Talente bedeuten auf lange Sicht nicht viel. Je älter ich werde, desto mehr schätze ich Menschen, die einfach ihren Weg mit Gott gehen.

Beachten Sie, dass Paulus um Ausdauer *betet*. Es war also nichts, was er den Christen von Kolossä mit Hilfe von Worten vermitteln konnte. Diese wunderbare Kraft musste von Gott selbst kommen, vom Thron seiner Gnade.

Und sie wird *weiterhin* kommen, wenn wir *weiterhin* Gott vertrauen und ihn darum bitten.

Anmerkungen

[1] Zitiert in: *Words Old and New,* zusammengestellt von Horatius Bonar (Nachdruck Edinburgh: *Banner of Truth Trust*, 1994), S. 16–17.

Kapitel 9

Gnade, die größer ist als alles

Am Ende unserer Gottesdienste treffe ich vorn am Altar oft auf Menschen, die sich so sehr schämen, dass sie mir nicht einmal in die Augen sehen können. Sie stehen mit hängenden Schultern und gesenktem Blick da, und ich spüre, dass ihnen der Glaube daran fehlt, dass sie Jesus um Vergebung bitten dürfen. Lobpreis und Anbetung scheinen unmöglich. Sie leben unter der schweren Last ihres eigenen Versagens, ohne die Hoffnung, jemals wieder richtig zu leben. Sie fühlen sich zu unwürdig, von einem heiligen und gerechten Gott irgendeine Form von Segen zu erwarten.

Und ich meine dabei nicht nur Menschen mit den typischen Innenstadtproblemen der Großstädte wie Drogen, Prostitution etc. Ich spreche hier von durchschnittlich aussehenden Menschen, die eine bestimmte Sünde so oft begangen haben, dass sie davon überzeugt sind, nie wieder davon loszukommen. Wenn ich für solche Menschen bete und sie segne, versuche ich manchmal, durch eine leichte Berührung am Kinn ihren Blick zu heben, damit sie erwartungsvoll zu Gott aufblicken können.

Wie gern erinnere ich solche Menschen an die Lebensgeschichte einer biblischen Gestalt, die so oft vergessen wird. Vielleicht ordnen Sie ihn gar nicht als Versager ein, weil sein Name eigentlich immer in guter Gesellschaft auftaucht. Einmal zum Beispiel auf der allerersten Seite des Neuen Testamentes, wo es in den ersten Zeilen heißt:

„Dieses Buch berichtet über die Herkunft und Geschichte von Jesus Christus, dem Nachkommen Davids
und Nachkommen Abrahams.

Abraham zeugte Isaak.
Isaak zeugte Jakob.

Jakob zeugte Juda und seine Brüder.
Juda zeugte Perez und Serach;
die Mutter war Tamar" (Mt 1,1–3).

Wie schön und geordnet! Dieser Abschnitt zeichnet eine klare Linie von Abraham, dem Vater des jüdischen Volkes, bis hin zu Jesus, damit jeder im ersten Jahrhundert wusste, dass dieser Messias wirklich ein Jude war. Und unterwegs verläuft die Linie direkt über Juda und seine Familie.

Und dann schreibt der Apostel Johannes auf einer der letzten Seiten der Bibel: „In der rechten Hand dessen, der auf dem Thron saß, sah ich eine Buchrolle. Sie war innen und außen beschrieben und mit sieben Siegeln verschlossen. Und ich sah einen mächtigen Engel, der mit lauter Stimme fragte: ‚Wer ist würdig, die Siegel aufzubrechen und das Buch zu öffnen?' Aber es gab niemand, der es öffnen und hineinsehen konnte, weder im Himmel, noch auf der Erde, noch unter der Erde. Ich weinte sehr, weil niemand würdig war, das Buch zu öffnen und hineinzusehen. Da sagte einer der Ältesten zu mir: ‚Hör auf zu weinen! Der Löwe aus dem Stamm Juda und Nachkomme Davids hat einen Sieg errungen. Er ist würdig; er wird die sieben Siegel aufbrechen und das Buch öffnen'" (Offb 5,1–5).

Wie wunderbar, dass einer aus dem Stamme Juda die Bedingungen erfüllte, die Geheimnisse Gottes zu öffnen, während so viele andere dazu nicht würdig waren. Der eine war natürlich Jesus Christus.

Dieser Juda, von dem in der obigen Bibelstelle die Rede ist, muss ja wohl ein gottesfürchtiger Mann gewesen sein, oder? Von den zwölf Söhnen Jakobs wird er als einziger im Stammbaum von Jesus erwähnt. Die anderen elf werden dort nicht erwähnt. Auf dem Höhepunkt der Geschichte des Himmels ist es ein Nachkomme Judas, der als würdig erachtet wird, während alle anderen bei der Prüfung durchfallen. Wenn wir eines Tages in den Himmel kommen, werden wir dort bestimmt auch oft den Namen von Juda hören.

Was wissen wir eigentlich über diesen Mann?

Eine interessante Geschichte

Juda bekommt ein ganzes Kapitel der Bibel für sich – Genesis 38 –, und dieses Kapitel ist die beste Stelle, um ihn kennen zu lernen, das heißt, wenn Sie einigermaßen hart im Nehmen sind (vielleicht sollten Sie diese Geschichte lieber nicht als Grundlage für eine Familienandacht mit Ihren Kindern verwenden).

Die Geschichte fängt damit an, dass Juda sich vom Rest der Familie trennt und eine kanaanäische Frau heiratet (Verse 1–2) – das ist sein erster Fehler. Mit seinem Onkel Esau war es ja auch bereits bergab gegangen, weil der eine Frau geheiratet hatte, die nicht Gott diente, und dadurch ein großes Unheil angerichtet hatte (vgl. Gen 26,34–35). Als Folge davon hatten Judas Großeltern einiges unternommen, damit ihr zweiter Sohn, Jakob, nicht denselben Fehler machte. Sie sagten ihm in aller Deutlichkeit, er solle kanaanäischen Frauen aus dem Weg gehen (Gen 28,1) und schickten ihn auf eine lange Reise, damit er die richtige Frau finden konnte.

Aber Juda missachtete ihren Rat. Es heißt nämlich weiter im Text: „Dort sah er die Tochter des Kanaaniters Schua und heiratete sie (Gen 38,2). Die Kinder aus dieser Verbindung wuchsen offenbar mit unklarer Unterweisung über den wahren Gott und die kanaanäischen Götzen auf. Die negativen Auswirkungen zeigten sich schon bald beim ersten Sohn, der so böse war, dass Gott ihn bereits in jungen Jahren umkommen ließ (Vers 7).

Er hinterließ eine junge Witwe namens Tamar, die Juda seinem zweiten Sohn zur Frau gab, was zur damaligen Zeit dessen Pflicht war. Der Sohn weigerte sich jedoch aus Selbstsucht, sie zur Frau zu nehmen, wofür Gott auch ihn strafte, indem er ihn sterben ließ. Jetzt zögerte Juda, seinem dritten Sohn, Schela, Tamar zur Frau zu geben. Tamar wartete also. Die Jahre vergingen und Tamar wartete immer noch. Ihre besten Jahre hatte sie bereits hinter sich und sie war einsam.

Schließlich hörte sie, dass ihr Schwiegervater Juda eine Reise plante. Es war die Zeit der Schafschur und damit die Zeit des Jahres, in der die Schafzüchter ihren Jahreslohn bekamen. Das Geld floss zu dieser Zeit reichlich und die Leute feierten viel und heftig. Tamar erschien das als beste Gelegenheit, einen raffinierten Plan in die Tat umzusetzen. Sie bedeckte ihr Gesicht mit einer Art Schal und bot sich an der Straße als Prostituierte an.

Die Bibel berichtet: „Als Juda sie verschleiert am Wegrand sitzen sah, hielt er sie für eine Prostituierte. Er ging zu ihr hin und sagte: ‚Lass mich mit dir schlafen'" (Vers 16). Juda bezahlte sie für ihre Dienste (mit einem Siegelring und einem geschnitzten Stock), aber als Folge dieser Begegnung wurde Tamar schwanger. Juda ging nach Hause und ahnte nichts davon.

Als Tamars Schwangerschaft bekannt wurde, bekam Juda einen regelrechten Anfall. Wie konnte seine Schwiegertochter es wagen, Schande über die Familie zu bringen! „Sie muss verbrannt werden", wütete er (Vers 24).

Als man sie auf den Marktplatz vor die Dorfbevölkerung zerrte, identifizierte sie den Mann, von dem sie schwanger war, indem sie die Gegenstände hoch hielt, die der Freier ihr als Bezahlung für ihre Dienste überlassen hatte. Juda war vor allen gedemütigt und musste gestehen: „Sie ist im Recht, die Schuld liegt bei mir" (Vers 26).

Disqualifiziert?

Man möchte vor einer so hässlichen Geschichte am liebsten die Augen verschließen, nicht wahr? Wenn man einen Vorfahren in der Familie hat, der etwas in dieser Art getan hat, dann spricht man nicht darüber. Wahrscheinlich werden seine Fotos aus dem Familienalbum entfernt. Wir erwähnen seinen Namen nicht vor den Kindern – und hoffen, dass sie niemals von sich aus nachfragen werden. Menschen, die ihr Leben selbst so durcheinander bringen – und das Leben anderer dazu –, werden am besten einfach totgeschwiegen.

Warum wollte Gott bloß diese ziemlich heftige Geschichte in der Bibel haben? Eigentlich ist sie doch eher *nicht* zur Veröffentlichung geeignet. Oder wenn Gott die Geschichte unbedingt haben wollte, warum hat er dann nicht zu uns gesagt: „Die Lektion dieser Geschichte ist die, dass die Abstammungslinie meines heiligen Sohnes lauten wird: Abraham – Isaak – Jakob – *Benjamin* oder einer der anderen Söhne." Schließlich hatte Juda sich ja selbst völlig disqualifiziert, oder?

Wenn wir uns selbst überlassen werden, kann sich jeder innerhalb kürzester Zeit so gründlich selbst zerstören wie damals Juda. „Kein Mensch kann vor Gott als gerecht bestehen" (Röm 3,10). „Wir alle waren wie Schafe, die sich verlaufen haben; jeder ging seinen eigenen Weg" (Jes 53,6). „Wir wissen genau: In uns selbst, so wie wir der Sünde ausgeliefert sind, lebt nicht die Kraft zum Guten" (Röm 7,18). Es besteht also kein Grund, selbstgerecht zu grinsen oder herablassend auf ihn zu blicken, wenn wir Judas Geschichte lesen.

> Wir alle verhalten uns immer wieder selbstgerecht und arrogant. Wenn jeder Moment unserer Vergangenheit auf die große Leinwand in der Gemeinde projiziert würde, wer würde dann noch toll aussehen?

Gott hat uns sehr deutlich zu verstehen gegeben, wie wir moralisch vor ihm dastehen. Aber leider sind wir besonders gut darin, bei anderen das zu sehen und zu verurteilen, was wir selbst falsch machen. „So-und-So aus der Gemeinde ist egoistisch ... So-und-So ist ausländerfeindlich ... So-und-So ist ein Heuchler." Nur bei uns selbst funktioniert der Spiegel irgendwie nicht.

So wie Juda, als er von der Schwangerschaft seiner Schwiegertochter erfuhr, können auch wir sehr selbstgerecht und überheblich sein. Wir sind nicht nur schwach, sondern zu allem Überfluss urteilen wir auch noch über andere. Wäre es nicht besser, damit aufzuhören, über Menschen Urteile abzugeben und stattdessen lieber demütig und bescheiden unser eigenes Herz anzuschauen? Wenn jeder Moment unserer Vergangenheit auf die große Leinwand in der Gemeinde projiziert würde, wer würde dann noch toll aussehen?

Meine Hauptsorge gilt heute der Tatsache, dass wir aus dem Blick verloren haben, warum Gott diese hässliche Geschichte über Juda in der Bibel haben wollte. Wir driften weg von der frohen Botschaft des Neuen Testamentes über die erstaunliche Gnade Gottes, verdorbene Menschen zu verändern und zu erlösen. Stattdessen moralisieren wir und lassen uns selbstgerecht über das schreckliche Leben anderer aus. Statt uns in Christus zu freuen, der als geistlicher Arzt für die Kranken und nicht für die ohnehin Liebenswerten gekommen ist, sind wir eifrig damit beschäftigt, alle Gebote Gottes zu befolgen, als ob das allein auch nur eine einzige Seele verändern würde. Wir geben den Menschen nur das Gesetz und dabei verzehren sie sich doch eigentlich nach der Liebe und Gnade Gottes.

Wir haben vergessen, dass Gott spezialisiert ist auf Fälle wie den von Juda. Wir sollten lieber wieder mutig das predigen, was Paulus an die Korinther geschrieben hat – und nicht nach zwei Dritteln des Textes aufhören, sondern wirklich bis zum herrlichen Ende weiterlesen:

„Denkt daran: Für Menschen, die Unrecht tun, ist kein Platz in Gottes neuer Welt! Täuscht euch nicht: Menschen, die Unzucht treiben oder Götzen anbeten, die die Ehe brechen oder als Männer mit Knaben oder ihresgleichen verkehren, Diebe, Wucherer, Trinker, Verleumder und Räuber werden nicht in Gottes neue Welt kommen. *Manche von euch gehörten früher dazu. Aber ihr seid reingewaschen, und Gott hat euch zu seinem heiligen Volk gemacht, zu Menschen, die vor seinem Urteil als gerecht bestehen können. Das ist geschehen, als ihr Jesus Christus, dem Herrn, übereignet worden seid und den Geist unseres Gottes empfangen habt"* (1 Kor 6,9–11).

Auch die Urgemeinde hatte ihre „Judas": „Wo aber die Sünde ihr volles Maß erreicht hatte, da wuchs die Gnade über alles Maß hinaus" (Röm 5,20).

Gnade, die unseren Verstand übersteigt

Es ist eine Spezialität des Teufels, herumzuschleichen und den Menschen zuzuzischen: „Du hast es wieder mal nicht geschafft. Du hast es vermasselt. Es ist deine Schuld! Wenn die Leute wüssten ... Du bist gar nicht, was du vorgibst zu sein. Glaubst du wirklich, dass du damit durchkommst?" Und die Opfer des Teufels merken kaum noch, dass sie am Leben sind. Sie fühlen sich unwürdig, zur Kirche zu gehen. Sie lesen lieber nicht in der Bibel. Sie haben die Hoffnung verloren, dass sich noch etwas ändern könnte.

Der Widersacher möchte die Tatsache vertuschen, dass die Gnade Gottes *jedem* gilt, der es vermasselt hat. So hoch der Himmel über der Erde ist, so weit reichen Gottes Gedanken hinaus über das, was wir

Menschen denken (Jes 55,9). Er hat Freude an Barmherzigkeit. Jakobus schreibt: „Das Erbarmen triumphiert über das Gericht" (Jak 2,13). Es ist Gottes Spezialität, zu vergeben und die Sünden der Menschen nicht mehr anzusehen. Er freut sich daran, und es gefällt ihm, Versager wie Juda in den Stammbaum seines Sohnes Jesus Christus einzuweben.

Aber noch bemerkenswerter ist Folgendes: Der Stammbaum von Jesus (Mt 1,3) geht bis zu Juda und dann nicht etwa weiter mit dessen ehelichem Sohn Serach – sondern mit Peres, dem Sohn von Tamar, dem Kind aus der Inzest-Beziehung. Einfach unglaublich! Es ist, als wolle Gott sagen: „Ich möchte meinem Volk ein für alle Mal klar machen, dass ich denen, die alles vermasseln, nicht nur vergebe, sondern ich sie nehmen und anrühren und heilen kann – und sie dann sogar noch in eine Linie stelle, die zu Jesus Christus führt." Aus dem Bösen, das der Teufel eingefädelt hat, kann Gott immer noch etwas Gutes machen (Gen 50,20).

Es gefällt Gott bis heute, den Namen Juda in himmlischen Höhen erschallen zu hören. Er nimmt Sünder wie Sie und mich und macht uns gerecht. Er nimmt Schmutz und Dreck und verwandelt beides in Heiligkeit. Er nimmt das Verkrümmte und richtet es auf, macht es gerade. Er nimmt Verknotungen aus unserem Leben und webt etwas Neues daraus, sodass wir „Halleluja" singen, wenn wir danach weitermachen. Wir lieben Gott, und zwar nicht, weil wir so gut gewesen sind, sondern weil *er* so gut ist und weil seine Barmherzigkeit von ewiger Dauer ist.

Beim „Löwen vom Stamme Juda" geht es um Erlösung, nicht um Verdammung. Gott nimmt unsere Fehler und Verirrungen und nutzt sie, um sich selbst zu verherrlichen. Größer als seine Herrlichkeit als Schöpfer und Erhalter des Universums ist die Herrlichkeit seiner Gnade gegenüber Versagern wie Ihnen und mir. Kein Lebenslauf ist so befleckt, kein Fall so hoffnungslos, dass Gott sich nicht dem betreffenden Menschen zuwenden und ihm Erlösung bringen könnte.

> Kein Lebenslauf ist so befleckt, kein Fall so hoffnungslos, dass Gott sich nicht dem betreffenden Menschen zuwenden und ihm Erlösung bringen könnte.

Einer der herausragendsten Gospelsänger in Amerika zurzeit ist ein lebender Beweis dieser Art göttlicher Barmherzigkeit. Wenn das Publikum Calvin Hunts erhabene Tenorstimme hört, kann es sich kaum vorstellen, dass dieser Mann einmal sein Leben buchstäblich mit Crack zerstört und dadurch außerdem das Leben seiner Frau und zweier Stiefkinder ruiniert hat. In seiner Geschichte geht es um mehr als Selbstzerstörung durch Drogen. Diese Geschichte berührte nämlich auch die allein erziehende Mutter, die er traf, als sie gerade ihre Ehe mit einem gewalttätigen Mann beendete, und ihre beiden unschuldigen Kinder und brachte ihnen viel Leid und Schmerz.

Als Calvin die attraktive sportliche Miriam und ihre beiden Vorschulkinder kennen lernte, war sie gerade 20 Jahre alt und wohnte zwei Stockwerke unter seiner Mutter. Calvin und Miriam waren sich auf Anhieb sympathisch, und auch die kleine Monique, ihre Tochter, und Söhnchen Freddy mochten den gut aussehenden Bauarbeiter. Besonders liebten sie es, wenn er seinen Bauarbeiterhelm trug. Am Wochenende machte Calvin Musik. Er spielte Gitarre und sang und trat öfter in Clubs auf.

Miriams Scheidung war noch nicht endgültig ausgesprochen, und Calvin musste sie mehr als einmal trösten, wenn sie wieder einmal von ihrem Mann verprügelt worden war. Einmal hatte Calvin Miriam sogar in die Notaufnahme einer Klinik gebracht, nachdem ihr Mann sie wieder geschlagen hatte. Im Laufe des folgenden Jahres wurde die Beziehung zwischen den beiden intensiver, und sie überstand sogar eine einjährige Trennung durch Calvins Militärzeit, während der er nicht in New York war.

„Als ich wieder nach Hause kam", gestand Calvin, „war es für mich am praktischsten, einfach bei ihr einzuziehen. Ich arbeitete wieder im Straßenbau, es ging uns gut, und wir hatten genug Geld, um uns am Wochenende zu amüsieren und auf Partys zu gehen." Das Paar fing irgendwann an, außer viel Alkohol auch Kokain zu konsumieren, als sie und ihre Freunde einen neuen „Kick" brauchten. Manchmal drehten sie sich auch Kokain in ihre Marihuanajoints, um auszuprobieren, wie Marihuana und Kokain zusammen wirken.

Es blieb mehrere Jahre bei diesem Lebensstil, bis Miriam Calvin nach fünf Jahren erklärte, dass sie heiraten sollten. Also heirateten sie 1984.

Etwas Neues

Eines Abends lud sie einer ihrer Trauzeugen zu einer Party bei sich zu Hause ein, auf der etwas Neues geboten wurde: Es wurde Kokain erhitzt und durch eine Wasserpfeife geraucht. Calvin war fasziniert; er bat seinen Freund um einen Zug, aber die neue Droge schien kaum Wirkung zu haben, so dachte Calvin jedenfalls. Auch Miriam versuchte sie, ebenfalls scheinbar nur mit minimaler Wirkung.

Erst, als sie morgens gegen halb acht die Wohnung des Freundes verließen und Calvins gesamten Wochenlohn von 720 Dollar für die Droge ausgegeben hatten, wurde ihnen klar, dass sie etwas Machtvolles entdeckt hatten – und etwas Tödliches. Sie hatten die Welt des Crack betreten.

„Ich erinnere mich noch daran, dass es mir das ganze folgende Wochenende schrecklich ging", erzählte mir Calvin. Als ich am Montagmorgen zur Arbeit musste, hielt ich mir selbst eine Standpauke. Ich müsse verantwortungsbewusster werden, sagte ich mir. Schließlich hatte ich eine Familie zu versorgen, ich musste die Sache also unbedingt in den Griff bekommen.

Kaum zu glauben, dass ich am darauf folgenden Freitag, nachdem ich meinen Lohnscheck in Bares eingetauscht hatte, Miriam anrief und ihr sagte, sie solle die Kinder so früh wie möglich ins Bett stecken, weil ich den ‚Stoff' mitbringen würde. Ich tauchte mit der nötigen ‚Ausrüstung' auf und war bereit zur ‚Action'. Ich bereitete das Crack über dem Küchenherd zu, genau so, wie ich es bei meinem Freund gesehen hatte, und wieder waren wir beide die ganze Nacht lang wach. Als am Samstagmorgen die Sonne aufging, hatten wir wieder meinen gesamten Wochenlohn durchgebracht."

Das ging acht Monate lang so weiter. Inzwischen blieben alle Rechnungen unbezahlt, die Kinder hatten keine Winterkleidung, und sie waren mit der Miete im Rückstand. Miriams Brüder, die Christen waren, drängten ihre Schwester, mit dieser Selbstzerstörung aufzuhören, aber weder sie noch Calvin wollten davon etwas hören.

Calvins Besessenheit von der Droge wurde stärker und beschränkte sich nicht mehr aufs Wochenende. Wenn er Bargeld in der Tasche hatte, wurde es in Crack umgesetzt, hatte er kein Bargeld, besorgte er sich welches, indem er Reifen oder Batterien von geparkten Autos stahl und sie verkaufte. An manchen Abenden kam er gar nicht nach Hause.

Ganz offensichtlich litt auch Calvins Arbeit unter diesem Lebensstil. Eines Tages nahm ihn sein Chef beiseite. Der Mann hatte Tränen in den Augen, als er sagte: „Du bist einer meiner besten Leute. Ich weiß nicht, was los ist, und ich möchte es auch gar nicht wissen – aber was es auch sein mag, bring es in Ordnung, sonst bist du deinen Job bald los."

Tatsache war, dass Calvin einen neuen Superboss in seinem Leben hatte: Crack. „Ich nahm rapide ab", sagte Calvin. „Oft war ich drei, vier oder sogar fünf Tage nacheinander unterwegs – verbrachte mein Leben in Crackhöhlen. Klar, ich hatte ein Zuhause, eine Frau und zwei Kinder – aber wenn ich auf Crack war, dann war das der letzte Ort, an dem ich sein wollte. Die Leute, mit denen ich Drogen nahm, waren ein ziemlich gefährlicher Haufen – brutal und kaltschnäuzig. Aber so lange ich ‚high' war, merkte ich das nicht einmal."

Verraten

Miriam machte sich immer größere Sorgen. Was passierte mit dem Mann, den sie liebte, mit ihrem „Märchenprinzen"? Hatte sie nicht schon mit ihrem ersten Mann genug Chaos erlebt – und jetzt auch noch das hier? Eines Nachts betrachtete sie ihre schlafenden Kinder, während Calvin und seine Freunde in der Küche Drogen nahmen. Moralische Grundsätze, die sie einmal gelernt hatte, kamen ihr ins Bewusstsein und machten ihr deutlich, wohin das alles führen würde. Sie warf sofort alle Typen aus der Wohnung – einschließlich Calvin.

Miriam erkannte langsam, dass sie zum zweiten Mal in ihrem Leben von einem Mann verraten worden war. Der Erste hatte sie körperlich misshandelt, der Zweite verletzte sie und ihre Kinder durch seine Sucht noch mehr. Wie damals Juda fügte er seiner Familie unglaublichen Schaden zu, indem er völlig unkontrolliert für sich selbst den „Kick" suchte.

„Ich bettelte ihn an, doch damit aufzuhören", sagte Miriam. „Ich sagte: ‚Calvin, die Sache bringt uns um! Unsere Ehe geht kaputt.' Wir stritten manchmal so heftig, dass ich ihn von der Polizei aus der Wohnung holen lassen musste. Mein Sohn fing an auszuknobeln, wie er noch mehr Schlösser an der Wohnungstür anbringen konnte, damit Calvin nicht mehr hereinkonnte."

Genau zu dem Zeitpunkt, als Calvin seine Familie verließ, kam Miriam zum Glauben. Ihr geistliches Leben gewann an Tiefe, ihr Gebet wurde ausdauernder und intensiver. Sie fand eine Gemeinde und bat andere ganz offen darum, für die Heilung ihres Mannes zu beten. Sie weigerte sich, andere Schritte auch nur in Erwägung zu ziehen: Trennung, Scheidung oder letztlich auch Tod. Sie glaubte ganz einfach, dass Gott die Familie irgendwie retten würde.

Sie fing sogar an, Calvin zu sagen: „Gott wird dich frei machen, ich weiß es einfach!" Natürlich machte ihn das wütend. Außerdem ärgerte er sich über die Musik des *Brooklyn Tabernacle*-Chores, die Miriam zu Hause hörte. Sie liebte diese Musik und reagierte darauf mit Anbetung, und manchmal weinte sie vor Freude, wenn sie Gott lobte. Dann schimpfte Calvin: „Wenn das Zeugs dich zum Weinen bringt, warum machst du es dann nicht aus?" Manchmal warf er sogar die Kassetten aus dem Fenster, aber Miriam besorgte meist sofort neue.

Eines Tages bekam Monique, seine Stieftochter, in der Schule ein Flugblatt mit der Einladung zu einer Filmvorführung des Films „A Cry For Freedom". Die Vorführung wurde von der *Brooklyn Tabernacle*-Gemeinde veranstaltet, und die Zwölfjährige bestand darauf, dass ihr Stiefvater mitgehen solle, was dieser natürlich strikt ablehnte.

Plötzlich erhob sich irgendetwas in dem Mädchen. Sie sagte: „Papa, erinnerst du dich noch an all die schönen Sachen, die wir früher zusammen gemacht haben? Wir machen jetzt überhaupt nichts mehr. Weißt du was – das kommt von dir und den Drogen oder was es auch ist. Dein Problem ist, dass du süchtig bist, und du willst es bloß nicht zugeben!"

Calvin schrie sie an: „Du hältst sofort den Mund. Wenn du noch mal so mit mir redest, setzt es was!"

„Dann mach doch, nur zu!", erwiderte das mutige Mädchen. „Du kannst mich schlagen oder auch treten, wenn du willst – aber wenn du damit fertig bist, bist du immer noch süchtig nach dem Zeug." Mit diesen Worten rannte sie aus der Küche.

Calvin nahm das Flugblatt vom Tisch. Er sah sich die Zeichnung an, auf der ein Mann in einer Flasche zu sehen war, wie man sie zum

Crack-Rauchen benutzte. Er presste die Hände an die Flaschenwand und hatte einen verzweifelten Gesichtsausdruck. Calvins Herz wurde weich genug, dass er, wenn auch eher zögerlich, mit in den Film ging.

In letzter Minute versuchte er zwar noch, sich irgendwie um die Veranstaltung zu drücken, allerdings ohne Erfolg. Die Geschichte des Films erwies sich als schockierende Parallele zum Leben der Hunts: Es ging um einen Mann, der cracksüchtig war und dessen ehemals ebenfalls süchtige Frau jetzt für seine Heilung betete. Als der Pastor die Menschen am Ende der Vorführung einlud, nach vorne zu kommen und ihr Leben Jesus anzuvertrauen, gehörte Calvin zu den Ersten, die der Einladung folgten.

„Ich habe zwar Jesus nicht in mein Leben aufgenommen", berichtete er, „aber ich fühlte mich so schuldig, dass ich wenigstens beten und eingestehen musste, wie viel Schmerz ich allen zufügte. Ich fing an zu weinen, und dann kamen Miriam und die Kinder zu mir, und wir weinten alle zusammen."

Am folgenden Sonntag ging die Familie gemeinsam zum Gottesdienst. Miriam und die Kinder waren überglücklich, aber Calvin war im Grunde immer noch nicht bereit, den entscheidenden Schritt zu tun. *Gott kann auch nichts für mich tun*, dachte er. *Was mache ich hier eigentlich?* Am nächsten Wochenende war er dann wieder unterwegs und auf der Flucht.

Die Gemeinde fing jetzt an, noch intensiver für Calvins Rettung und Heilung zu beten. Calvin gewöhnte es sich an, seine Besuche in der Wohnung auf die Zeiten zu beschränken, wenn der Rest der Familie in der Kirche war. Er schlich sich dann herein, um frische Sachen zu holen und so schnell wie möglich wieder zu verschwinden.

„Ich wusste, dass Calvin wie in einem Gefängnis lebte", sagte Miriam. „Weil ich selbst einmal süchtig gewesen war – ich hatte schon Heroin genommen, bevor ich ihn kennen lernte –, wusste ich, welche unglaubliche Macht dieses Gift hat. Deshalb betete ich auch so intensiv und schrie zu Gott, ihn doch zu befreien, und ich brachte alle meine Freunde dazu, ebenfalls für ihn zu beten. Jedes Tischgebet mit meinen Kindern und jedes Gebet vor dem Schlafengehen beinhaltete die Worte: ‚Oh Gott, bitte mach du Papa frei.'"

Es vergingen drei weitere Jahre und die Situation verschlimmerte sich weiter. Irgendwann schlief er lieber in der Hundehütte in irgendeinem Garten, als nach Hause zu gehen und sich in sein Bett zu legen. Er litt unter Flüssigkeitsmangel, was ihm das für Cracksüchtige so typische hohlwangige Aussehen verlieh. Weil sie kein Geld hatten, lebten Miriam und die Kinder von Sozialhilfe.

Eines Abends schließlich – es war der Abend der wöchentlichen Gebetsversammlung in der *Brooklyn Tabernacle*-Gemeinde – machte sich Calvin wieder einmal auf in Richtung Wohnung, nachdem seine Frau und die Kinder in die Gemeinde gegangen waren. Dort fand er etwas zu essen im Kühlschrank, duschte sich dann und zog frische Kleider an. Es blieb ihm noch Zeit für ein Nickerchen, also beschloss er, sich hinzulegen.

Aus irgendeinem Grund konnte er jedoch nicht schlafen. Bald hörte er ein Geräusch. Aus einem Schrank vernahm er ein leises Weinen! Er setzte sich auf. Vielleicht waren Miriam und die Kinder ja doch zu Hause. Er sah in den Zimmern der Kinder nach, unter den Betten, in den verschiedenen Schränken. Nichts! Aber das Weinen hörte nicht auf. Er stand im Wohnzimmer und sagte laut: „Ich weiß, dass ihr hier seid, Leute – also, kommt raus!" Aber niemand zeigte sich.

> Calvin dachte daran, sich wieder hinzulegen,
> aber irgendetwas in ihm schien zu sagen:
> *Wenn du heute Abend einschläfst,*
> *wirst du nie wieder aufwachen.* Er geriet in Panik.

Jetzt wurde es Calvin wirklich mulmig zu Mute. Er dachte daran, sich wieder hinzulegen, aber etwas in ihm schien zu sagen: *Wenn du heute Abend einschläfst, wirst du nie wieder aufwachen.* Er geriet in Panik. Er rannte aus der Wohnung, die drei Blocks bis zur Bahnstation, um zu sehen, ob seine Frau und die Kinder wirklich bei der Gebetsversammlung waren oder nicht.

Er kam in die Gemeinde geplatzt, stand ganz hinten im Mittelgang und suchte die Menge ab. Plötzlich hörte er wieder das Weinen – nur viel lauter als zu Hause in der Wohnung. Die ganze Gemeinde war ins Gebet vertieft und brachte *seinen* Namen vor Gott! Calvin war wie vom Donner gerührt, als er ganz langsam den Mittelgang entlang nach vorn ging und auf die erhobenen Hände der Menschen starrte, die alle mit geschlossenen Augen beteten. Viele weinten. „Oh Herr, wo Calvin Hunt jetzt auch immer sein mag, bitte bring ihn hierher in die Gemeinde!", baten sie. „Lass die Familie nicht auch nur noch einen einzigen Tag länger dieses Elend durchmachen. Herr, du kannst es tun! Mach du ihn ein für alle Mal frei von dieser Bindung!"

Kurz darauf fand Calvin sich ganz vorn in der Kirche wieder, direkt vor der Kanzel. Der Pastor, der Dienst hatte, öffnete die Augen und blickte dann zum Himmel, während er ins Mikrofon sagte: „Danke, Herr! Danke, Jesus! Hier ist er."

Und dann spielte die ganze Gemeinde total verrückt. Sie hatten Gott angefleht, dass Calvin hierher kam, und es war direkt vor ihren Augen geschehen.

Calvin fiel auf die Knie und fing unkontrolliert an zu schluchzen. Miriam und die Kinder kamen nach vorn und stellten sich um ihn herum, während er betete: „Oh Gott, aus mir ist all das geworden, was ich nie werden wollte. Ich möchte nicht so sterben. Bitte komm in mein Leben und mach mich frei. Oh Jesus, ich brauche dich so sehr!"

Dieser Sommerabend im Jahre 1988 war der Wendepunkt für Calvin Hunt. Miriam berichtete später: „Als er da durch den Mittelgang der Gemeinde ging, war es fast wie bei einer Hochzeit, bei der er mit Jesus verheiratet werden sollte. Jesus wartete am Altar auf ihn. Kein Wunder, dass alle Anwesenden in Tränen ausbrachen."

Ein neuer Weg

Es war klar, dass sein alter Lebensstil und die alten Verhaltensmuster bei Calvin sehr wohl zu Widerständen führen würden, aber die Pastoren der *Brooklyn Tabernacle*-Gemeinde sprachen ziemlich direkt mit ihm über eine stationäre christliche Therapieeinrichtung namens *Youth Challenge* in Pennsylvania. Er willigte ein, sich dort einer Therapie zu unterziehen.

Nach einem halben Jahr kehrte Calvin nach New York zurück, und zwar mit einem starken Glauben und der Bereitschaft, für Gott zu leben. Er bekam sogar seine alte Stelle beim Straßenbau zurück. Meine Frau und ich sahen ihn ein paar Mal bei der Arbeit an der

Schnellstraße von Brooklyn nach Queens, wenn wir abends von der Gemeinde nach Hause fuhren. Er war so glücklich mit seinem Leben mit Jesus! Schon bald fing er an, seine gute Gesangsstimme zur Ehre Gottes einzusetzen.

Einmal, als Calvin in einem Restaurant gegessen hatte und zur Toilette musste, bemerkte er, dass dort jemand in einer der Kabinen Crack rauchte! Das alte Verlangen packte ihn, aber er begann zu beten: „Gott, ich brauche dich! Du musst mir jetzt sofort helfen!" Er wurde ruhiger, das Verlangen ließ nach, und als der Mann aus der Kabine herauskam, sah Calvin ihm in die Augen und sagte: „Lass mich dir etwas aus eigener Erfahrung sagen: Das Zeug wird dein Leben zerstören."

„Was willst du überhaupt, Mann?"

„Ich meine es echt ernst. Es wird dich umbringen – aber Jesus kann dir helfen, damit Schluss zu machen."

Und dann ging Calvin zum nächsten Telefon, um Miriam zu erzählen, dass er es geschafft hatte zu widerstehen. Sie freuten sich zusammen über die neue Kraft, die Gott ihm geschenkt hatte.

Calvin Hunt ist inzwischen nicht mehr beim Straßenbau. Er hat zwei Gospel-CDs aufgenommen, arbeitet vollzeitlich als Musiker und erzählt Menschen im ganzen Land, wie die Macht Gottes in seinem Leben wirkt. Außerdem tritt er als Solist mit unserem Chor auf – genau dem Chor, den er früher nicht ausstehen konnte – und ist Sänger in einer kleineren Gesangsgruppe der Gemeinde. Wo immer er auftritt, sind die Leute tief berührt und begeistert von Gottes Sieg in seinem Leben.

Statt seine Familie zu zerstören, ist Calvin inzwischen ein Ehemann und Vater nach dem Herzen Gottes. Calvin und Miriam haben noch zwei weitere Kinder bekommen. Die Ärzte hatten den beiden gesagt, dass sie wahrscheinlich keine Kinder mehr bekommen könnten, weil ihre Körper durch die Drogen so stark in Mitleidenschaft gezogen worden waren. Doch dann wurde eine Tochter geboren, die sie Mia nannten und ein paar Jahre später noch ein Sohn namens Calvin Jr. Aus der Sünde und Hoffnungslosigkeit, die Calvin und Miriam fast zerstört hatten, hatte Gott ein weiteres Denkmal der erlösenden Macht Jesu Christi, des Löwen von Juda, errichtet.

Lassen Sie uns die Botschaft überall verkünden: Jesus Christus hat die Macht zu retten! Egal, wie kaputt unser Leben ist, sein Blut kann auch die schlimmsten Flecken wegwaschen, und sein Geist kann Männern und Frauen, die geistlich tot waren, neues Leben einhauchen. Er ist der Gott Judas – des Mannes, der moralisch gesehen ein Versager war, ein Heuchler, für Gott und seine Familie eine Schande. Aber durch Juda sehen wir noch klarer die Liebe des Herrn und das unglaubliche Ausmaß seiner Gnade.

> Ich bete dafür, dass Gott uns von unserem selbstgerechten Urteilen befreit und uns stattdessen zu barmherzigen Trägern der Erlösung und Freiheit durch Jesus werden lässt, wo immer wir auch sind.

Ich bete dafür, dass Gott uns vor selbstgerechtem Verurteilen bewahrt und uns stattdessen zu barmherzigen Trägern der Erlösung und Freiheit durch Jesus werden lässt, wo immer wir auch sind. „Jesus Christus ist in die Welt gekommen, um die Sünder zu retten", schreibt der Apostel Paulus und betrachtet sich selbst als den „schlimmsten" unter ihnen (1 Tim 1,15). Aber freuen Sie sich über das, was ihn so freimütig über diesen Zustand reden lässt, denn es gilt auch für uns: „Deshalb hatte er gerade mit mir Erbarmen und wollte an mir als Erstem seine ganze Geduld zeigen. Er wollte mit mir ein Beispiel geben, was für Menschen künftig durch den Glauben – das Vertrauen auf ihn – zum ewigen Leben kommen können. Gott, der ewige König, der unsterbliche, unsichtbare und einzige Gott, sei dafür in Ewigkeit gelobt und gepriesen. Amen" (Verse 16–17).

Teil III

Auf Gottes Weg gehen

Kapitel 10

Vater der Gläubigen

Haben Sie in der Bibel schon einmal von „Vater David" gelesen oder von „Vater Mose"?
Und wie ist es mit „Vater Daniel?"
Sie alle waren mächtige Männer Gottes, das steht fest. Sie gehören zu den größten Kämpfern, Königen, Propheten und Führern der heiligen Geschichte. Aber keinem ist die folgende besondere Ehre zuteil geworden: „So ist er der Vater aller geworden, die Gott vertrauen ... der Vater von uns allen, denn Gott hat zu ihm gesagt: ‚Ich habe dich zum Vater vieler Völker gemacht'" (Röm 4,11.17). Der Name dieses Mannes ist Abraham.

Wir wissen, dass Jesus einmal ein Streitgespräch führte, als jemand die Bezeichnung „Vater" auf einen normal sterblichen Menschen anwendete (vgl. Mt 23,9). Als aber dann der Apostel Paulus das 4. Kapitel des Römer-Briefes schrieb, klingt es fast so, als könne er sich nicht helfen: *Abraham ... ja meine Güte ... er ist doch eigentlich die Symbolfigur für das Leben aus dem Glauben ... ich muss ihn hervorheben, über alle anderen stellen ... er ist der geistliche Vater all derer, die an die Verheißungen und Versprechen Gottes glauben.*

Dieser Abraham war und ist offenbar das herausragende Beispiel, wenn es um den Glauben geht. Wie kam er eigentlich zu einem so felsenfesten Vertrauen auf Gott?

Er lebte nach Verheißungen, nicht nach Befehlen

An jenem Tag, als Gott zum ersten Mal mit Abram (das war sein damaliger Name) sprach, sagte er:

„Verlass deine Heimat, deine Sippe und die Familie deines Vaters,
und zieh in das Land, das ich dir zeigen werde!
Ich will dich segnen
und dich zum Stammvater eines großen Volkes machen.
Dein Name soll in aller Welt berühmt sein.
An dir soll sichtbar werden,
was es bedeutet, wenn ich jemand segne.
Alle, die dir und deinen Nachkommen Gutes wünschen,
haben auch von mir Gutes zu erwarten.
Aber wenn jemand euch Böses wünscht,
bringe ich Unglück über ihn.
Alle Völker der Erde werden Glück und Segen erlangen,
wenn sie dir und deinen Nachkommen wohlgesonnen sind"
(Gen 12,1–3).

Gott wies Abram an, nur eine einzige Sache zu tun – „Verlasse" – und im Gegenzug tat Gott acht wunderbare Dinge für ihn. Schon allein dieses Mengenverhältnis spricht für die Großzügigkeit und Güte Gottes.

Die Voraussetzung war allerdings, dass Abram sein Land, seine Leute und seine Verwandten verließ – mit anderen Worten: das Umfeld, das bequem und behaglich und vertraut war, wo er sich wohl fühlte. Er musste das Land aufgeben, das er am besten kannte, die Kultur, in der er aufgewachsen war, und die vertrauten Bilder, Geräusche und Gerüche. Menschen, die im Glauben ihren Weg gehen, hören oft, wie die Stimme Gottes zu ihnen sagt: „Du musst jetzt gehen. Es ist Zeit für etwas Neues."

Manchmal ist das auch geografisch gemeint, genau wie in Abrams Fall. Wir erleben in unserer Gemeinde zurzeit etwas ganz Ähnliches, denn wir bereiten uns auf den Auszug aus den Gebäuden vor, in denen die Gemeinde seit 1979 untergebracht ist, und auf den Einzug in das große Theater in der Innenstadt, von dem wir glauben, dass Gott uns dort haben will. Wir haben das 1914 errichtete Gebäude gekauft, obwohl wir noch nicht wissen, wie wir die Millionen von Dollar zusammenbekommen sollen, die wir für die Renovierung brauchen. Wir müssen einfach im Vertrauen auf Gott losziehen.

Dann wieder führt Gott seine Leute, bestimmte Arbeitssituationen zu verlassen oder angenehme Beziehungen zu lösen oder andere schwierige Veränderungen vorzunehmen. Wenn man im Glauben loszieht, lässt Gott nie zu, dass man sich auf irgendeinem Plateau niederlässt. Immer, wenn man geistlich an einem bestimmten Punkt angekommen ist und beschließt, dort seine Zelte aufzuschlagen und sich für den Rest des Lebens zur Ruhe zu setzen, sagt Gott: „Verlasse." Das war die Geschichte Abrams. Er konnte sich, so lange er lebte, nirgends endgültig niederlassen.

> Wenn man im Glauben loszieht, lässt Gott nie zu, dass man sich auf irgendeinem Plateau niederlässt.

Aber wir brauchen keine Angst zu haben. Gott kann im selben Atemzug anfangen, uns mit Verheißungen zu überschütten, genau wie es bei Abram der Fall war. Betrachten Sie einmal die großartigen Dinge, die Gott ihm versprach:

1. „… das Land, das ich dir zeigen werde." Mit anderen Worten: Gott wird das Ziel zeigen.
2. „Ich will dich zum Stammvater eines mächtigen Volkes machen."
3. „Ich werde dich segnen."
4. „Dein Name soll in aller Welt berühmt sein."
5. „Du wirst zum Segen werden."
6. „Ich werde segnen, die dich segnen."
7. „Ich werde Unglück bringen über die, die dir Böses wünschen."
8. „Alle Völker der Erde werden Segen erlangen, wenn sie dir und deinen Nachkommen wohlgesonnen sind."

So verließ also die Familienkarawane Abrams im Vertrauen auf die Verheißungen die Stadt. Dieser Glaube war ihre Quelle und es sollte auch unsere sein. Wir können nicht aus den Geboten Gottes leben, sondern nur aus seinen Verheißungen. Die Gebote Gottes offenbaren sein heiliges Wesen, aber sie haben keine eigene Kraft. Vielmehr fließt die Gnade Gottes durch den Kanal seiner Verheißungen. Gott muss erst für uns tun, was er uns versprochen hat (uns Gnade und Vergebung gewähren), und erst dann werden wir in der Lage sein, seinen Geboten zu gehorchen und in diesem Gehorsam zu leben. Denken Sie daran: Er ist die Quelle und der Ursprung – alles beginnt bei und mit ihm.

Es stimmt, dass Gottes Gebote uns zeigen, wo wir seinen göttlichen Standards nicht entsprechen. Das ist notwendig – bringt aber für unser menschliches Dilemma keine Lösung. Nur die Verheißungen geben uns Hoffnung, wenn wir im Glauben so auf sie antworten wie Abraham. Das hat ihn in seinem Leben aufrecht gehalten, hat ihn erhalten. Als Abraham in Kanaan ankam, fügte Gott den ursprünglichen Verheißungen bereits weitere hinzu. Er sagte: „Deinen Nachkommen will ich dieses Land geben" (Vers 7). Gott gab also weiter im Überfluss.

Die meisten von uns sind jedoch gebote- und befehlsorientiert. Jeden Tag wachen wir auf, sind uns Gottes moralischen Gesetzes bewusst und versuchen, alles richtig zu machen, damit er am Ende des Tages mit uns zufrieden und einverstanden ist. Das ist jedoch ein schwerer und darüber hinaus aussichtsloser Kampf. Es wäre viel besser, wenn wir morgens beim Aufwachen als Erstes an Gottes Verheißungen denken würden – an das, was er uns heute zu tun versprochen hat. Dann wird seine Kraft, die in uns wirkt, uns behutsam auf den Weg des Gehorsams und des richtigen Lebensstils lenken.

> Gottes moralische Gebote lehren uns,
> wo wir seinen göttlichen Standards nicht entsprechen.
> Das ist notwendig – aber nur die Verheißungen geben
> uns Hoffnung, wenn wir im Glauben auf sie antworten.

Die zärtliche Liebe Gottes zu uns, wie sie in seinen großzügigen Verheißungen zum Ausdruck kommt, ist das Einzige, was uns dazu bringt, auf unserem Weg noch näher an ihm zu bleiben. Gerechte Gebote allein und die damit immer verbundene Verurteilung können uns leicht verschrecken. Ursprünglich war Martin Luther vom Heiligen Gott abgeschreckt, denn er sah in ihm nur denjenigen, der Forderungen stellte und Menschen bestrafte, wenn sie die Forderungen nicht erfüllten. Dann entdeckte er die Wahrheit „Der Gerechte wird aus Glauben leben" (Röm 1,17). Das sprach von Gnade und Barmherzigkeit für alle, die einfach Gott glauben. Daraus ergab sich die gesamte protestantische Reformation, die die ganze Welt auf den Kopf stellte.

Abram fühlte sich Gott so nah, also „baute er Gott einen Altar und rief im Gebet den Namen des Herrn an" (Gen 12,8), dort zwischen Bethel und Ai. Abrams Herz streckte sich in Anbetung zu Gott aus. Dieser Gott war so gut zu ihm gewesen, so großzügig, so bestätigend. Abram hatte keine der Verheißungen oder Segnungen durch sein früheres Verhalten verdient, sondern alles aus Gnade bekommen. Er konnte gar nicht anders, als sein Herz und seine Hände anbetend zu Gott erheben.

Er hatte keinen Plan bekommen

Im Hebräer-Brief heißt es: „In solchem Vertrauen gehorchte Abraham, als Gott ihn rief [...], ohne zu wissen, wohin er kommen würde" (Hebr 11,8). Er hatte keine Karte, keine Wegbeschreibung vom ADAC, keine Hotelreservierungen an der Strecke. Seine Karawane zog einfach in Richtung Mittelmeer los – das war alles. Gott hatte versprochen, ihm zu zeigen, wo er irgendwann in ferner Zukunft anhalten sollte, wenn er am Ziel angekommen war.

Sie und ich hätten mit so etwas bestimmt Probleme, oder? Nicht nur, wenn unsere Urlaubsreise so gestaltet würde, sondern auch in Bezug auf die berufliche Laufbahn oder unsere Gemeinden. Wir wollen am liebsten immer einen detaillierten und umfassenden Plan. Ich höre Pastoren dauernd sagen: „Wenn man sich diese oder jene evangelistische Aktion einmal überlegt – ob sich das wohl auszahlt? Stimmt das Kosten-Nutzen-Verhältnis? Können wir sicher sein, dass es auch funktioniert? Wird jeder zufrieden sein?" Wir tun nur sehr wenige Dinge aus reinem Glauben heraus.

Abram hatte keinerlei Anhaltspunkte. Wenn Sie ihn mit seiner Karawane an einer Oase angetroffen hätten, wäre folgendes Gespräch denkbar gewesen: „Herr Abram, wohin sind Sie unterwegs?"

„Weiß ich nicht."

„Woher wissen Sie denn dann, wann Sie angekommen sind?"

„Das weiß ich auch nicht. Gott hat mir nur gesagt, dass er mir rechtzeitig Bescheid gibt."

„Sie haben ja ein ziemlich großes Gefolge dabei. Wer wird denn für genügend Nahrung sorgen, wenn Sie am Ziel angekommen sind?"

„Das weiß ich auch nicht. Er hat nur gesagt, dass er für mich sorgen wird."

„Sie haben anscheinend keine Sicherheitskräfte dabei. Wer soll Sie denn vor den Jebusitern, den Hittitern, den Amoritern und all den anderen kriegerischen Stämmen beschützen?"

Und Abram würde nur den Kopf schütteln und weiterziehen.

Glaube ist zufrieden damit, einfach loszuziehen, auch ohne zu wissen, wohin es geht, solange er weiß, wer mitgeht. Solange die starke Hand Gottes Abram hielt, würde alles gut werden.

> Glaube ist zufrieden damit loszuziehen, auch ohne zu wissen, wohin es geht, solange er weiß, wer mitgeht.

Wir Menschen möchten gern die Landkarte unseres Lebens im Griff haben und möglichst alles bereits im Voraus wissen. Aber Glaube ist zufrieden damit, einfach nur zu wissen, dass Gott seine Versprechen immer hält. Und genau das ist das Spannende daran, wenn wir unseren Weg mit Gott gehen. Wenn wir die Apostelgeschichte lesen, wissen wir nie ganz sicher, was beim nächsten Umblättern passieren wird. Der Heilige Geist hat das Sagen, und das genügt. Paulus hatte kein Rezept, wie er die Gute Nachricht weitergeben sollte; er ging ganz einfach im Glauben los. Gott zeigte ihm den Weg, während Paulus ihn ging.

Ich war als Redner zu einem großen Kongress für Pastoren eingeladen, der minutiös durchgeplant war. Der Mann, der mich anrief, erklärte: „Zuerst gibt es zur Eröffnung der Veranstaltung ein gemeinsames Lied und dann wird einer der Leiter unserer Denomination etwa 14 Minuten über ein Lehr-Thema sprechen. Dann kommt wieder Musik und dann würden wir uns ein Referat von 20 Minuten von Ihnen wünschen. Nach Ihren Ausführungen wird ein Chor ein paar Musikstücke von Ihrer Frau singen und schließlich kommt ein weiterer Redner mit einem Referat von etwa 20 Minuten Länge. Dann folgt der Segen."

Das Ganze sollte an einem Montag stattfinden. Ich dachte daran, wie anstrengend es schon rein körperlich sein würde, in unserer eigenen Gemeinde am Sonntag vier Gottesdienste zu halten und sofort anschließend ins Flugzeug zu steigen und den langen Flug zur Konferenz hinter mich zu bringen.

Als ich zögerte, sagte der Mann: „Also, Ihr Buch ‚Wenn Glaube Feuer fängt' ist so vielen hier bei uns zum Segen geworden. Wir würden uns wirklich sehr freuen, wenn Sie kommen könnten."

„Nun", sagte ich, „dazu fällt mir im Augenblick nur Folgendes ein: Wie viele Grundaussagen können Menschen an einem Stück aufnehmen? Sie haben mir die Namen von drei Referenten genannt, von denen sicher jeder sehr Wesentliches zu sagen hat. Und man kann doch immer nur ein paar wenige Wahrheiten tief, von ganzem Herzen und auch mit dem Gefühl aufnehmen. Ich glaube, ich weiß, was für eine Art von Referenten Sie suchen, aber ich glaube nicht, dass ich der richtige bin. Und im Übrigen bin ich nicht sicher, ob mit einer solchen Vorgehensweise den Pastoren, die ja davon profitieren sollen, gedient ist."

„Wie meinen Sie das?", fragte er nach.

„Nun, da Sie mein Buch erwähnt haben, habe ich eine Idee. Vielleicht wäre es ja möglich, einen Teil des Programms zusammenzustreichen und stattdessen eine Gebetsgemeinschaft zu halten. Wir Pastoren brauchen alle mehr von Gott. Die allgemeine geistliche Verfassung der Gemeinden in ganz Amerika kann man nicht unbedingt als brennend und von Gebet durchdrungen bezeichnen. Es gibt viele Scheidungen; junge Menschen fallen vom Glauben ab; die Anzahl der Pastoren, die den Dienst quittieren, ist rekordverdächtig – vielleicht ist das Beste, was Sie auf dem Kongress machen können, Zeit für das gemeinsame Gebet zu reservieren. Warum nicht Gott bitten, den Himmel aufzutun und herabzukommen? Er ist das Einzige, was wir brauchen."

Der Mann erwiderte freundlich, aber bestimmt: „Aber so etwas ist auf unseren Kongressen nicht üblich."

Ich entgegnete: „Ich kenne mich mit den Gepflogenheiten Ihrer speziellen Gruppe nicht aus, aber ich entnehme meiner Bibel, dass den Menschen, die seinen Segen erwarten, einige große Verheißungen gelten."

Ich beendete das Gespräch, indem ich ihm so höflich wie möglich eine Absage erteilte.

Eine Woche später klingelte wieder das Telefon. „Wir haben beschlossen, den Ablauf des Kongresses zu ändern", sagte der Mann. „Kommen Sie doch bitte zu uns, und bringen Sie Ihre Frau und einige weitere Menschen aus Ihrer Gemeinde mit, und wir geben Ihnen so viel Zeit, wie Sie brauchen, um einen Gottesdienst nach Ihrer Vorstellung zu gestalten."

Ich spürte, dass der Herr an diesem Abend einen wichtigen Dienst in Gang brachte. Wir nahmen die Einladung an. Was für ein Anblick das war, als sich am Ende der Veranstaltung Tausende von Geistlichen nach Gott ausstreckten, viele von ihnen auf Knien und nicht wenige unter Tränen: „Oh Gott, wir brauchen dich in unseren Gemeinden!", beteten sie. „Komm, zünde dein Feuer in uns an." Wir saßen alle im selben Boot. Ich predigte sie nicht von oben nach unten an, als Experte aus New York, denn ich musste dasselbe beten wie sie. Welche Hoffnung gibt es für die *Brooklyn Tabernacle*-Gemeinde, wenn wir nicht zu Gott beten, dass er mit seinem Geist zu uns kommt und Sachen tut, die wir niemals selbst tun könnten?

Die Verheißung am Anfang der Apostelgeschichte lautet: „Aber ihr werdet mit dem Heiligen Geist erfüllt werden, und dieser Geist wird euch Kraft geben" (Apg 1,8). Kein Wunder, dass Jesus seinen Jüngern sagte: „Wartet auf den Geist, den mein Vater versprochen hat" (Apg 1,4) – genauso wie Abram und seine Frau Sarai mit Spannung auf das warten mussten, was Gott ihnen versprochen hatte. Der Verheißung zu vertrauen ist der Schlüssel und die einzige Hoffnung für die Gemeinde Jesu, welcher Denomination auch immer sie angehört.

In viel zu vielen Gemeinden wird nicht nach Leitern gesucht, die einen Glauben wie Abram haben, einen Glauben, der Gott folgt, egal, wohin er führt, sondern nach Leitern, die gut organisieren können. Wir vergessen, dass die Gemeinde Jesu in einer Gebetsversammlung ins Leben gerufen wurde. In ihren ersten und erfolgreichsten Jahren wurde sie von einfachen Männern geleitet, die voller Glauben und vom Heiligen Geist erfüllt waren. Sie konzentrierten sich nicht auf „das Geheimnis des Gemeindewachstums", sondern auf das Geheimnis, die von Gott verheißene Kraft zu empfangen. Wegen ihres Glaubens schenkte Gott ihnen sowohl Vollmacht als auch Wachstum.

> Wir vergessen, dass die Gemeinde Jesu in einer
> Gebetsversammlung ins Leben gerufen wurde.

Paulus war demütig genug, gegenüber der Gemeinde von Korinth zuzugeben: „Als ich zu euch kam und euch Gottes verborgenen Plan zur Rettung der Menschen verkündete, habe ich euch doch nicht in tiefsinniger Weisheit und geschliffener Redekunst zu beeindrucken versucht [...]. Mein Wort und meine Botschaft wirkten nicht durch Tiefsinn und Überredungskunst, sondern weil Gottes Geist sich darin mächtig erwies. *Euer Glaube sollte sich nicht auf Menschenweisheit gründen, sondern auf die Kraft Gottes"* (1 Kor 2,1.4–5). Dieser Ansatz für den Dienst und ein anstéckender Glaube sind heutzutage selten geworden.

Ja, Gott hat einen wunderbaren Plan für alle Menschen, die zu ihm gehören. Aber er muss uns nicht so viel darüber mitteilen, wenn er nicht will. Alles, worum er uns bittet, ist, ihm die Hand zu reichen und im Glauben mit ihm zu gehen. Er wird uns zeigen, was wir tun sollen, wenn es so weit ist.

Er ist gescheitert, aber mit neuer Kraft wieder gestartet

Wie wir ja bereits an anderer Stelle festgestellt haben, besteht die Herausforderung nicht nur darin, im Glauben an den Start zu gehen, sondern auch unterwegs nicht aufzuhören zu glauben. Die Bibel beschreibt das nächste schmerzliche Kapitel im Leben Abrams. Obwohl er so prima angefangen hat, hört er doch nicht auf Gott, als er wegen der Hungersnot nach Ägypten zieht. Er spürt die wirtschaftliche Not und handelt entsprechend. Es gibt keine Bibelstelle, in der davon berichtet wird, dass er in dieser Situation Anweisungen von Gott entgegennimmt, sondern er bricht einfach seine Zelte ab und zieht los.

Immer, wenn wir aufhören, aus dem Glauben zu leben, fangen wir an, einseitig und eigenmächtig das zu tun, was wir für klug halten oder was die Umstände zu diktieren scheinen. Und dann gibt es Probleme – uns fehlt Gottes Überblick.

Als sie sich der ägyptischen Grenze nähern, sieht Abram sich seine schöne Frau an und sagt: „Sarai, ich sehe Probleme auf uns zukommen. Der Pharao und seine Männer werden dich begehren, und sie werden mich ausschalten, damit sie dich bekommen. Deshalb ist es besser, wenn wir lügen und ihnen sagen, dass du meine Schwester bist und nicht meine Frau." Der kleine Plan funktioniert jedoch nur teilweise. Abram kann zwar seine Haut retten, aber die arme Sarai wird in den königlichen Harem gebracht. Was für ein unglaublich schäbiges Verhalten der eigenen Frau gegenüber! Und Sie können ganz sicher sein, dass die Frauen im Harem nicht einfach im Palast herumsaßen und Bibelstunden hielten. Abram rettet seinen eigenen Hals, setzt dafür aber Sarais Tugend und ihre Zukunft aufs Spiel.

Gott sieht mit an, wie sich die Katastrophe anbahnt und beschließt einzugreifen.

Wenn nun jemand Strafe verdient hatte, dann wohl am ehesten Abram! Er war doch hier der Gauner. Aber stattdessen „bestrafte ihn [den Pharao] der Herr mit einer schweren Krankheit, ihn und alle anderen in seinem Palast" (Gen 12,17), was schnell dazu führt, dass der Pharao Abram zu sich zitiert.

Der Zorn des Pharao entlädt sich über Abram. „Was ist eigentlich dein Problem? Wieso hast du nicht gesagt, dass sie deine Frau ist? Nimm sie und verlasse mein Land – und zwar sofort!"

Stellen Sie sich das doch nur einmal vor. Da wird ein großer Mann des Glaubens von einem heidnischen König gemaßregelt – und das auch noch zu Recht! Was für eine bemerkenswerte Lektion, dass wir im Leben von den Verheißungen abirren und so jämmerlich versagen können. Es hat noch nie jemand ein perfektes, fehlerloses Leben geführt. Wichtig ist jedoch, dass wir uns wieder aufrappeln und auf die Spur zurückfinden. Abram – „der Vater aller Gläubigen" – ist noch nicht so weit unten, dass er angezählt werden muss.

Er und Sarai eilen zurück in das Land, in das sie gehören: „Abram kehrte mit seiner Frau und seinem ganzen Besitz an Tieren und Menschen in den südlichsten Teil des Landes Kanaan zurück [...] von dort zog er von Lagerplatz zu Lagerplatz bis zu der Stelle zwischen Bet-El und Ai, wo er zuerst seine Zelte aufgeschlagen hatte. Das war auch der Ort, wo er den Altar gebaut hatte. Dort rief er im Gebet den Namen des Herrn an" (Gen 13,1–4). Es scheint so, als sei er nicht zur Ruhe gekommen, bis er wieder an dem Altar stand, wo er einst Gott angebetet hatte – wieder an der Stelle, wo er so vertrauensvoll gestanden hatte, als er die Verheißungen bekommen hatte.

> Immer, wenn wir an Gott und seinem Willen vorbeileben, ist es von entscheidender Bedeutung, dass wir schnell an den Altar der Hingabe und des Glaubens zurückkehren.
> Dort wartet Gott auf uns.

Immer, wenn wir an Gott und seinem Willen vorbeileben, ist es von entscheidender Bedeutung, dass wir schnell an den Altar der Hingabe und des Glaubens zurückkehren. Dort wartet Gott auf uns wie der Vater des verlorenen Sohnes auf sein Kind. Er freut sich darauf, uns wieder auf die richtige Spur zu bringen. Die Größe Abrams liegt nicht in seiner moralischen Vollkommenheit, sondern darin, dass er zu Gott umkehrt und wieder glaubt.

Er fordert seine Vorrechte nicht ein

Schon bald kommt es zum Streit zwischen Abram und seinem Neffen Lot, weil der vorhandene Weideplatz nicht mehr für das Vieh von beiden ausreicht. Gott hat beide gesegnet (Abram sogar noch, nachdem dieser seine Frau in Ägypten verraten hatte!), und zwar in einem Ausmaß, dass es für beide nicht mehr praktikabel war, zusammenzubleiben und gemeinsam für den Lebensunterhalt zu sorgen.

„Da sagte Abram zu seinem Neffen: ‚Es soll kein Streit zwischen uns sein, auch nicht zwischen unseren Hirten. Wir sind doch Brüder. Das Beste ist, wir trennen uns. Das ganze Land steht dir offen: Du kannst nach Norden gehen, dann gehe ich nach Süden; du kannst auch nach Süden gehen, dann gehe ich nach Norden'" (Gen 13,8–9).

Lot wählt prompt die fruchtbare Ebene – äußerlich gesehen vom Feinsten – und lässt Abram als Weideplätze die felsigen Berghänge.

Aber Abram protestiert nicht. Er hätte sich auf seinen Status berufen können, denn schließlich war er der Ältere, und Lot als der Jüngere hatte kein Recht, ihn zu übervorteilen, aber stattdessen demonstrierte Abram, dass man immer bekommt, was man braucht, wenn man an Gott glaubt und ihm vertraut, und zwar unabhängig davon, was andere tun. Glaube lässt andere ihren Weg gehen, ohne selbst ängstlich zu werden und sich Sorgen zu machen. Er legt die Angelegenheit in Gottes Hände.

Wir machen uns so oft Sorgen darüber, wer uns vergisst, wer uns nicht anerkennt, wer auf unsere Kosten Lorbeeren einstreicht. Wir verlieren die Tatsache aus dem Blick, dass Gott „diesen erniedrigt und jenen erhöht" (Ps 75,8). Sowohl in unserem weltlichen Umfeld als auch im geistlichen Bereich machen wir uns Sorgen über Dinge, die wir lieber Gott überlassen sollten. Sorgen nagen immer am Glauben und versuchen, uns herunterzuziehen.

> Glaube lässt andere ihren Weg gehen, ohne selbst ängstlich zu werden und sich Sorgen zu machen. Er legt die Angelegenheit in Gottes Hände.

Im Glauben geht es um die unsichtbaren Dinge Gottes. Der Glaube lehnt es ab, sich von den physischen Sinnen beherrschen zu lassen. Glaube zeigt sich, wenn wir sagen können: „Du kannst machen, was du willst, weil ich weiß, dass Gott sich um mich kümmern wird. Er hat versprochen, mich zu segnen, wohin ich auch gehe."

Denken Sie daran, dass der Gott Abrahams seine Verheißungen erfüllt, selbst wenn jeder Dämon der Hölle sich gegen uns stellt. Jesus kann alles tun, nur seine eigenen Leute, die ihm vertrauen, im Stich lassen, das wird er nicht.

Warum nicht heute ganz neu damit anfangen, in die Fußstapfen von „Vater Abraham" zu treten? Fangen Sie sorgfältig und betend an, in der Bibel nachzuschauen, und bitten Sie den Heiligen Geist, Gottes Verheißungen so lebendig werden zu lassen, dass Sie aus ihnen leben können – genau wie damals Abraham.

Haben Sie keine Angst, wenn Sie nicht genau wissen, wie Gott Sie führen und wie er Sie versorgen wird, sondern halten Sie sich einfach an seiner Hand fest und gehen Sie im Glauben vorwärts. Es ist unnötig, sich darüber Gedanken zu machen, was die anderen tun könnten. Das spielt keine Rolle, denn Gott hat versprochen, Sie zu beschützen und zu verteidigen.

Und schließlich: Wenn Sie jemand sind, der/die „hinunter nach Ägypten" gegangen ist – sich vom ursprünglichen Vertrauen zu Gott abgewandt hat –, dann kehren Sie jetzt gleich von ganzem Herzen wieder zu ihm um. Gehen Sie zurück zu dem Altar, den Sie einmal als Ort der Anbetung errichtet haben, als Sie sich ganz auf Gott einließen. Er hat versprochen, jeden anzunehmen, der durch Jesus Christus, unseren Herrn, zu ihm kommt. Zögern Sie nicht, weil Sie das Gefühl haben, schon zu weit abgedriftet zu sein, oder weil Sie sich so sehr für das schämen, was Sie in dieser Zeit getan haben. Obwohl Sie ihn nicht sehen können, beobachtet der Vater Sie auch jetzt in diesem Augenblick und wartet voller Mitgefühl und Liebe darauf, dass Sie zu ihm nach Hause zurückkommen.

Kapitel 11

Gottes tief greifendes Wirken

Wir haben gesehen, dass uns das Leben im Glauben und aus dem Glauben in die Sphäre der übernatürlichen Macht Gottes versetzt. Der Geist wirkt in uns, um Dinge zu erreichen, die nach menschlichem Ermessen unmöglich sind. Gott ist wirklich allmächtig. Er hat alle Macht. Er kann alles.

Manchmal sind unsere Erwartungen an diese Macht unzulänglich oder gar falsch. Wir erwarten in erster Linie, dass Gott seine Macht in der Schöpfung zeigt, indem er körperlich heilt, indem er die Menschen, die zu ihm gehören, mit Arbeitsplätzen versorgt, indem er ein neues Baby auf die Welt bringt – und das alles ist auch wirklich etwas ganz Wunderbares. In der Bibel steht allerdings auch, dass die größten Dinge, die er tut, *in unserem Inneren* geschehen und nichts Äußerliches sind. Im Brief an die Epheser heißt es: „Gott kann unendlich viel mehr für uns tun, als wir jemals von ihm erbitten oder uns ausdenken können [diesen Teil lieben wir alle, oder?], so mächtig ist die Kraft, die *in* uns wirkt" (Eph 3,20).

Wir werden in die kommende, zukünftige Welt nur das Innere, das Unsichtbare mitnehmen können. Unser Körper, unsere Autos, unsere Häuser und unser Land bleiben hier und vergehen. Der große Kirchenleiter Andrew Murray hat einmal gesagt: „Dein Herz ist deine Welt, und deine Welt ist dein Herz", und das ist der Ort, an dem Gott in unserem Leben wirkt.

Was bringt es denn, wenn Gott uns heilt und weitere 20 Lebensjahre schenkt, wenn wir dann diese 20 Jahre in sturem Ungehorsam leben? Was bringt denn äußerlich sichtbarer Segen ohne den Frieden und die Freude Gottes im Herzen? Was bringen eine Beförderung und finanzieller Erfolg, wenn unser großes, tolles Haus kein Zuhause ist, sondern eher eine Kampfarena, in der Zank und Streit herrschen?

Mir bereiten schon seit meiner Kindheit christliche Zeugnisse Probleme, in denen es nur um Äußerlichkeiten geht und das Innere völlig außer Acht gelassen wird. „Preis dem Herrn für den 100-Dollar-Scheck, der heute in der Post war" oder: „Preis dem Herrn, dass er mich heute vor einem Unfall bewahrt hat." Das sind zwar gewiss Segnungen, aber weit großartiger und bedeutender sind die Dinge, die Gott in uns bewirken will.

> Unsere Probleme werden nicht nur durch unser Umfeld verursacht; sie sind zutiefst persönlich. Das Umfeld in Ordnung zu bringen, ändert oft absolut nichts an der Person.

Gott weiß, dass unsere Probleme nicht nur durch unser Umfeld verursacht werden; sie sind zutiefst persönlich. Das Umfeld in Ordnung zu bringen, ändert oft gar nichts an der betroffenen Person. Manche Menschen werden sogar gerade unter widrigen Umständen besonders stark; andere führen ein relativ unkompliziertes Leben und zerstören sich trotzdem selbst.

Von innen verschmutzt

In der Bibel hat niemand so ehrlich und genau über das geschrieben, was in uns vorgeht, wie David. Und vielleicht ist der schwierigste Text, den er in dieser Hinsicht geschrieben hat, Psalm 51.

David war ein Sünder wie wir alle und gab dem Druck der Versuchung mehr als einmal nach. Besonders in einem Frühling, als er zu Hause blieb, statt mit seinem Heer in den Kampf zu ziehen, bekam er echte Probleme.

Seit ein paar Jahren fällt mir eines immer wieder besonders auf: Es kann gefährlich sein, nicht dorthin zu gehen, wo Gott uns haben will, oder nicht zu tun, was er uns aufgetragen hat. Das gilt für jeden, nicht nur für Pastoren und Missionare. Ich habe Sänger in unserem Chor erlebt, die eine Weile mit Freude und positiver Ausstrahlung mitsangen ... und dann sagten: „Irgendwie ist die Luft raus; ich glaube, ich hör jetzt auf. Irgendwann mache ich bestimmt woanders in der Gemeinde mit." Carol und ich haben schon oft beobachtet, dass sie ganz von Gott und dem Glauben wegdriften, wenn sie nicht sofort in den nächsten Dienst gehen, den Gott für sie vorgesehen hat. Der Widersacher nutzt solche Gelegenheiten sofort, um diese Menschen durch andere Dinge auch immer von Gott abzulenken.

Leute, die in Gemeinden nur herumhängen, ohne in dem Dienst aktiv zu werden, in den Gott sie berufen hat, befinden sich in einer sehr tückischen Situation. Der Lohn, den wir für unseren Dienst erhalten, ist der Gleiche, egal, ob wir das Evangelium verkünden, die Gottesdienstbesucher begrüßen oder den Gottesdienstraum putzen. Wenn jemand vor seiner Berufung zurückschreckt, dann ist das ein wirkliches Risiko für ihn ganz persönlich.

König David hat zu viel Zeit zu seiner freien Verfügung, und als er dann eines Nachts nicht schlafen kann, ist er wirklich in Gefahr. Nachts sind wir besonders gefährdet. Wenn man nicht gut schläft, dann würde ich dazu raten, *ganz schnell* damit anzufangen, Gott zu loben. Sonst können sich leicht Sorgen, Ängstlichkeit und schädliche Gedanken einschleichen und breit machen.

In der besagten Nacht geht David hinaus auf die Terrasse und sieht, dass nebenan gerade Bathseba badet. Diese Frau ist schön. Er begehrt sie – und weil er König ist, kann er alles und jeden haben.

Jeder weiß, was als Nächstes passiert.

Als sich herausstellt, dass Bathseba schwanger ist, verhält sich „der Mann nach dem Herzen Gottes" absolut schändlich. David lässt Bathsebas Mann Uria, einen Hittiter, der gerade an der Front kämpft, zu sich rufen, um zu vertuschen, was er getan hat. Es funktioniert jedoch nicht. Also macht David Uria betrunken, damit er nicht mehr weiß, was er tut. Aber auch dieser Versuch schlägt fehl. Schließlich schickt er Uria zurück an die Front und gibt ihm einen Brief an General Joab mit – einen Brief, der Urias Todesurteil enthält. David ordnet eine Art Auftragsmord an, das heißt, er begeht einen Mord, ohne sich dabei selbst die Hände schmutzig zu machen.

Alles ist bestens vertuscht, zumindest denkt David das.

Wie er monatelang mit einem solchen Vergehen leben kann, ist schwer nachzuvollziehen. Der Mann, der so wunderschöne Gedichte geschrieben hat, lebt fast ein Jahr lang mit einer Mauer zwischen sich und Gott. Und dann schickt Gott einen Propheten zu David, um ihn zur Rede zu stellen und mit dem zu konfrontieren, was er getan hat.

Erst da gesteht er seine Schuld ein. Und schließlich erleben wir, wie er in Psalm 51 seine Beziehung zu Gott ins Reine bringt: „Gott … erbarme dich über mich … Nimm meine ganze Schuld von mir, wasche mich rein von meiner Sünde" (Verse 3–4). Aus tiefster Seele tut David Buße und bittet den barmherzigen Gott, gegen dessen Gebote er verstoßen hat, um Verzeihung.

Und dann, mitten im Psalm, buchstabiert David drei absolut entscheidende Dinge durch, die er unbedingt von Gott braucht. Er hat aus seinem furchtbaren Absturz etwas gelernt. Was er sich wünscht, kann er unmöglich selbst machen; der Herr muss es tun. Und dieses Wirken muss *in* ihm geschehen.

Wenn man Davids Worte hört, wird deutlich, wie selten, wenn überhaupt, heutzutage in den Gemeinden so gebetet wird. Leider bitten wir Gott nicht um Dinge dieser Art. So reden wir normalerweise nicht. Aber die drei Bitten Davids sind dennoch die Grundlage jedes siegreichen christlichen Lebens.

1. „Schaffe in mir, Gott, ein reines Herz"

David bittet Gott: „Schaffe in mir ein reines Herz" (Vers 12). Er bittet um mehr als die Reinigung seines von Sünde befleckten Herzens. Um Reinigung hat er bereits gebetet (Verse 4 und 9). Jetzt geht er tiefer. Er möchte, dass Gott ganz neu mit ihm anfängt, dass Gott ihm ein nagelneues Herz *schafft*, das durch und durch rein ist. Er gibt zu, dass er innerlich völlig verdreht ist, wenn er von Gott getrennt ist und versucht, ohne ihn zu leben. Er möchte alles in seiner Welt mit reinen Augen sehen, mit geheiligten Ohren hören und handeln und reagieren, wie es Gott gefällt.

Seine Worte gehen weit über unsere heutige allgemein gebräuchliche Sprache des „Gelübde-Glaubens" hinaus: „Oh Gott, ich verspreche, mich künftig zu bessern. Ich will so was ganz bestimmt nicht wieder tun." Und das immer und immer wieder. David hat diese Hoffnung in seine eigenen Fähigkeiten nicht, sondern er ruft stattdessen Gott an und bittet ihn, in ihm etwas völlig Neues zu schaffen. Das Wort „schaffen" ist hier dasselbe, das auch im 1. Kapitel des Buches Genesis in der Schöpfungsgeschichte verwendet wird. Es meint einen göttlichen Akt, der aus dem Nichts etwas Wundervolles hervorbringt, das es bisher nicht gab. *Und dieses Werk ist allein Gottes Werk.*

> Viele Menschen versuchen es immer wieder aus eigener Kraft. David dagegen rief stattdessen Gott an und bat ihn, etwas völlig Neues in ihm zu schaffen.

Lassen Sie sich von mir sagen, dass es besser ist, ein reines Herz von Gott zu empfangen, als von Krebs geheilt zu werden. Es ist besser, als von einem Tag auf den anderen reich zu werden. Es ist besser, als tolle Predigten zu halten oder hervorragende Bücher zu schreiben. Ein reines Herz zu empfangen bedeutet, im Kern unseres Seins wie Gott zu sein.

2. „Gib mir einen neuen, beständigen Geist"

Das Zweite, worum David Gott bittet, ist Beständigkeit im geistlichen Alltag. „Gib mir einen neuen, beständigen Geist" (Vers 12). Wir wissen alle, wie es ist, an einem Tag ganz oben zu sein und am nächsten völlig „down" ... wir lesen eine Woche lang täglich in der Bibel und in der nächsten werfen wir kaum einen Blick hinein ... unser geistliches Leben ähnelt dem Auf und Ab in einem Aufzug. Das hebräische Wort für „beständig" bedeutet „fest", „stark", „aufrecht", „unerschütterlich" zu sein. David bittet Gott darum, ihn aus diesem Berg-und-Tal-Schema zu befreien, von dem das Leben so vieler Menschen beherrscht ist. David möchte nicht nur einmal widerstehen können, sondern täglich, immer wieder. Er ist sich jedoch bewusst, dass er das unmöglich aus eigener Kraft schaffen kann – aber bei Gott ist alles möglich.

David weiß, dass er reingewaschen ist, dass ihm vergeben ist, aber er spürt, dass er noch etwas braucht: einen beständigen Geist. Er möchte nicht wie ein Wackelpudding sein, sondern wie ein *Fels,* und genau darum bittet er. Sehnen wir uns nicht alle danach? Statt des Auf und Ab auf unserem Weg mit Gott sehnen wir uns danach, dass er uns genauso verändert wie David. Glauben wir wirklich, dass Gott das kann?

Jesus sagte zu Maria von Bethanien: „Ich habe dir doch gesagt, daß du die Herrlichkeit Gottes sehen wirst, wenn du nur Glauben hast" (Joh 11,40). Wir dürfen uns nicht damit zufrieden geben, einfach nur zu hoffen oder über unseren schwachen geistlichen Zustand zu klagen. Vielmehr sollen wir mit der mutigen Zuversicht vor den Thron der Gnade treten, dass Gott das, was er versprochen hat, auch tut (Hebr 4,16). Lassen Sie uns ihn um einen beständigen Geist bitten, der uns in den unterschiedlichen Situationen unseres Lebens festhält und trägt.

3. „Erfreue mich wieder mit deiner Hilfe, und mit einem willigen Geist rüste mich aus"

Und dann gibt es noch eine weitere Sache, von der David weiß, dass er sie nicht selbst *herbeiführen* kann: „einen willigen Geist" (Ps 51,14). David gibt zu, dass eine solche Geisteshaltung von Gott gewährt werden muss. Er bittet nicht nur um Beständigkeit für sein geistliches Leben, sondern auch um den *Willen*, alles zu tun, was Gott von ihm will.

Wenn Gott seinen Finger auf etwas in unserem Leben legt und sagt: „Das ist nicht gut für dich" oder: „Ich möchte, dass du dies oder das tust oder dorthin gehst", dann sollten wir bereit sein, seinen Willen zu akzeptieren und nicht innerlich weiter gegen Gott kämpfen.

David ist klar, dass nur die Macht Gottes ihn bereit und willens machen kann, gehorsam zu sein. In seinem Brief an die Gemeinde in Philippi drängt auch Paulus: „Arbeitet an euch selbst mit Furcht und Zittern, damit ihr gerettet werdet. Ihr könnt es, denn Gott selbst bewirkt in euch nicht nur *das Wollen, sondern auch das Vollbringen*, so wie es ihm gefällt" (Phil 2,12–13).

David gesteht jedoch offen ein, dass sein Herz ihn betrügen kann. Sein Wille kann den Verlockungen der Welt und des Fleisches nachgeben, also bittet er Gott, ihm einen willigen Geist zu geben. Das wiederum wirkt geradezu provozierend für einen großen Teil der Christen von heute, die die Zähne zusammenbeißen und sich noch mehr anstrengen, Dinge zu erreichen, die im Grunde nur der Geist Gottes bewirken kann. Wir haben nicht die Bereitschaft und den Willen dazu! Selbst diese Eigenschaften müssen wir uns von Gott schenken lassen. Erlösung und Rettung ist Sache Gottes, und zwar von Anfang bis Ende. Je früher wir lernen, dass wir aufhören können, auf unsere eigenen Anstrengungen zu setzen, und uns stattdessen in die starken Arme Gottes werfen, desto besser.

Wir sollten Gott jeden Tag bitten, uns zu reinigen, uns festzuhalten, uns zu ihm emporzuheben und uns einen willigen Geist zu geben, damit unser Herz „den Weg deiner Gebote" (Ps 119,32) geht. Dann werden wir uns sogar danach sehnen, seinen Willen zu tun. Wir werden uns mehr der Einstellung Jesu annähern, der sagt: „Meine Speise ist die, daß ich tue den Willen dessen, der mich gesandt hat" (Joh 4,34; 5,30). Es war für Jesus eine *Freude* und keine Last, seinem Vater zu gehorchen.

Der Heilige Geist möchte auch uns diese Geisteshaltung geben, damit unser Leben als Christ keine Last und Plackerei ist, sondern ein Leben, in dem wir das Gute lieben und das Böse hassen.

Sind gewisse Veränderungen unmöglich?

Wie oft haben Sie und ich eigentlich schon das gebetet, was David damals gebetet hat? Wird es nicht langsam Zeit, dass wir mit neuem Vertrauen sagen: „Gott, bitte gib *du* mir ein reines Herz. Gott, gib *du* mir einen neuen beständigen Geist. Gott, mit einem willigen Geist rüste *du* mich aus. Lass mich nicht wanken, sondern mache mich stark! Ich kann diese Veränderungen nicht herbeiführen, aber du!"

Gott kann diese Veränderungen in uns bewirken, trotz der eingefahrenen negativen Verhaltensmuster und trotz zutiefst eingeprägter Denkweisen. Unter Christen gelten manche Fehler als so hartnäckig und schwer wiegend, dass nicht einmal Gott daran wirklich und grundlegend etwas ändern kann. Vor einiger Zeit sagte sogar ein Kollege zu mir: „Jim, nun mal ehrlich – hast du jemals erlebt, dass ein Homosexueller sich wirklich verändert hat?"

„Wie meinst du das? Natürlich habe ich das schon erlebt", erwiderte ich. „Es gibt sie überall in den Gemeinden und sie sind in allen möglichen Diensten tätig."

Ein Pastor war offen genug, mir zu sagen: „Die Wahrheit ist doch, dass ich diese Schwulen gar nicht in meiner Gemeinde haben möchte. Wenn sie einmal diesen Lebensstil praktiziert haben, dann prägt sich die Unreinheit einfach ein. Mich interessiert es nicht, wenn einer sagt, dass er davon frei geworden und erlöst ist – ich behalte sie immer besonders im Auge."

Wenn ein solcher Unglaube und solche Vorurteile herrschen, dann besteht kaum die Aussicht, dass diese Menschen Zeuge von der erstaunlichen Gnade Gottes in diesem Bereich werden!

Eines Sonntagabends vor noch gar nicht allzu langer Zeit erzählte ein sehr eleganter und intelligenter Mann namens Steve in einem Gottesdienst unserer Gemeinde, was Gott in seinem Leben getan hat. Obwohl er nicht aus reichen und gebildeten Verhältnissen stammte, bekam er durch hervorragende Schulleistungen ein Stipendium für ein renommiertes privates Internat, in dem Eliteschüler für ein Studium an den berühmten Elitecolleges und -universitäten vorbereitet werden. Damals war er etwa 15 Jahre alt. Zu dieser Zeit gestand er einem Berater im Internat, dass er sich irgendwie zu Jungen hingezogen fühle und nicht wisse, was er davon halten solle. Der Berater antwortete, das sei alles ganz normal und er brauche sich deshalb keine Sorgen zu machen. Steve war davon zwar nicht so überzeugt, gab sich aber mit dieser Auskunft zufrieden.

Steves gute Noten brachten ihm als Nächstes ein Stipendium für eine der Eliteuniversitäten, und zwar für Dartmouth, New Hampshire. Seine ersten konkreten homosexuellen Erfahrungen machte er in seinem ersten Studienjahr bei einer Verabredung mit einem Mann, den man keinesfalls als feminin bezeichnen konnte. Es war ein Starathlet, Kandidat für die Olympiamannschaft der USA.

„Am nächsten Morgen fühlte ich mich schrecklich schal und leer", erinnert sich Steve. „Ich hatte mich nach Liebe gesehnt, aber dieses Bedürfnis blieb unbefriedigt."

Als er an diesem Tag über den Campus zu einem Neben-Job ging und überlegte, dass definitiv etwas schief ging, sagte plötzlich eine Stimme in ihm: *„Hör auf damit. Lass es bleiben!"*

Steve beachtete diese Warnung jedoch nicht weiter, und ohne einen geistlichen Anker in seinem Leben, gab er den homosexuellen Impulsen immer wieder nach. Als er sein Studium mit Auszeichnung abschloss, hatte er Erfahrung mit dem Leben in der homosexuellen Szene – aber er war sich nicht sicher, ob er diesen Lebensstil für den Rest seines Lebens beibehalten wollte.

Der schlanke junge Mann mit durchdringenden Augen und einem elektrisierenden Lächeln war ein sehr talentierter Tänzer, und im Juni 1978 zog er nach New York City, wo er ein weiteres Stipendium bekommen hatte, dieses Mal am weltberühmten *Alvin Ailey American Dance Center* (irgendwann bekam er dann einen Job bei der angesehenen *Martha Graham Dance Company*, der er zehn Jahre lang angehörte).

Inzwischen hatte ein Cousin ihn dazu überredet, wenigstens in der Bibel zu lesen, und Steve machte sich daran, das Buch systematisch durchzulesen. Es dauerte anderthalb Jahre, bis er bei der Offenbarung des Johannes angelangt war. Während dieser Zeit wohnte er in einer Wohngemeinschaft mit vier anderen Tänzern zusammen, die ausnahmslos homosexuell waren. In der Gruppe entwickelte sich eine enge Kameradschaft.

„Sie waren alle sehr viel versprechende Tänzer und nahmen mich herzlich in ihrer Mitte auf", erzählte mir Steve. „Wenn wir jedoch bis spät abends zusammensaßen und ich etwas über einen Bibelabschnitt sagte, der sich gegen Homosexualität aussprach, entgegneten sie: ‚Ach, mach dir darüber keine Gedanken – du liest einfach die falschen Stellen. Lies die Psalmen oder die Sprichwörter. Gott ist ein Gott der Liebe, und alles, was liebt, ist ihm recht.'

Das leuchtete mir ein. Und ich überzeugte mich nach und nach selbst davon, dass meine Gefühle für Männer von Gott gewollt sein mussten."

Eine andere Art von Liebe

Steve hatte ein Verhältnis nach dem anderen, bis schließlich eine Beziehung mit einem begabten Künstler intensiver und stabiler wurde. Die beiden zogen in eine gemeinsame Wohnung – einen Block von der *Brooklyn Tabernacle*-Gemeinde entfernt. Sonntags fielen Steve zwangsläufig die Menschenmassen auf den Bürgersteigen auf, die aus unseren Gottesdiensten strömten oder hineingingen, und er dachte bei sich, dass er eigentlich auch gern einmal in einen Gottesdienst gehen würde, was er dann im Oktober 1980 schließlich tat.

„Ich spürte die Liebe Gottes schon in dem Augenblick, als ich zur Tür hereinkam", sagte er mir mit einem Anflug von Erstaunen. „Gottes Gegenwart war dort intensiv zu spüren. Instinktiv wollte ich dort sein, und als ich später ging, war ich voller Freude."

Steve kam immer wieder. Niemand predigte ihn darüber an, dass Homosexualität Sünde sei. Ja, ich glaube nicht einmal, dass überhaupt jemand etwas über sein Privatleben wusste. Er kam immer in die Gemeinde, saugte das Wort und die Gegenwart Gottes auf – und war selbst immer mehr davon überzeugt, dass sein Lebensstil nicht Gottes Willen entsprach. Obwohl er sich in der Gemeinde wohl fühlte, eilte er immer unmittelbar nach dem Gottesdienst hinaus und mied den Kontakt zu anderen Leuten.

Ungefähr zur gleichen Zeit sollte in der Stadt eine große Schwulenparade stattfinden, und Steves Freunde drängten ihn, sich auch daran zu beteiligen. Er wusste, dass er nicht durch die Straßen marschieren wollte, aber er nahm an einem kleineren „Nebenumzug" im *Village*, einem Teil von Manhattan, teil.

„Ich beobachtete die Massen von Schwulen, die Arm in Arm gingen, und hörte mir deren flammende Reden an", erinnerte sich Steve später, „und ich hatte mich noch nie in meinem Leben so einsam gefühlt. Da war wieder diese Stimme in mir, die fragte: *‚Wo wirst du wohl in zehn Jahren sein? Wirst du dann auch wieder hier draußen stehen und die Homosexualität feiern? Ganz bestimmt nicht!'* Gott meißelte stetig an meinen Überzeugungen herum."

Nur kurze Zeit später beging Steve eines Nachts eine Dummheit und riskierte eine Ansteckung mit AIDS, als er ungeschützten Sex hatte. Die Folge war, dass er zu einer Beratungsstelle für Schwule gehen und einen Test machen musste. Wieder empfand er Unbehagen, als er sich in dem Wartezimmer umsah. *Ich gehöre nicht hierher. Das ist nicht mehr mein Platz.*

Kurze Zeit später fand er sich bei einer Gebetsversammlung, die dienstagabends in unserer Gemeinde stattfindet, vor dem Altar kniend wieder und sagte: „Oh Gott, ich weiß, dass du mich liebst, und ich bin bereit einzugestehen, dass ich mit der Homosexualität gegen deine Gebote verstoße. Aber du musst mir den Weg da heraus zeigen. Ich selbst kann es einfach nicht schaffen."

Der Kampf mit seinen Gefühlen ging weiter; es gab für Steve keinen schnellen Ausstieg aus dem schwulen Lebensstil. Er wurde depressiv und nahm rapide ab, aber er war auch entschlossen zu glauben, dass Gott ihn von innen heraus verändern würde. Im Glauben hielt er an der Verheißung fest, dass er in Christus von solchen Bindungen frei war, und fasste den schweren Entschluss, mit allen homosexuellen Aktivitäten Schluss zu machen.

Und dann eines wolkigen Tages Ende 1982, als er an der Schaufensterfront des berühmten *Bloomingdale*-Kaufhauses entlangging, spürte er ohne ersichtlichen Grund ganz plötzlich, dass seine homosexuellen Neigungen verschwunden waren. „Ganz plötzlich wusste ich, dass Jesus mich frei gemacht hatte!", erklärte er mir.

Die Beziehung zu seinem Partner ging auseinander. Steve schloss sich einer Gebetsgruppe für Männer an, in der er geistliche Ermutigung fand, und sein Leben wurde vom Heiligen Geist regelrecht durchflutet. Später engagierte er sich in einer kirchlichen Arbeit für Schwule und Lesben in New York. Bibelstellen wie Jeremia, Kapitel 32, Vers 27 wurden dort für ihn lebendig: „Ich bin der Herr, der Gott aller Menschen. Sollte mir etwas unmöglich sein?"

Weil Steve ein so guter Redner war, wurde er schon bald Sprecher dieses christlichen Arbeitszweiges und hatte Auftritte an Universitäten und in Fernsehsendungen. Er wurde sogar zur landesweit übertragenen Talkshow *The Sally Jessie Raphael Show* eingeladen, und zwar zu dem Thema „Schwulsein – wird man so geboren?" Wie vorauszusehen, war er der einzige ehemals schwule Christ in der Sendung, und in dem Augenblick, als er anfing, von der Macht Jesu zu reden, die ihn frei gemacht hatte, brach im Studio das Chaos los. Das Publikum pfiff und buhte, während die anderen Gesprächsteilnehmer ihre Wut an Steve ausließen.

„Als ich an jenem Tag wieder nach Hause fuhr, war ich sehr traurig über die ganze Sache. Ich dachte an all das, was ich hätte sagen sollen, aber nicht gesagt hatte. Ich war einfach ziemlich fertig.

Am nächsten Morgen wurde ich vom Klingeln des Telefons geweckt. Ein Mann aus North Carolina fragte: ‚Waren Sie gestern Abend im Fernsehen?'

‚Ja, das war ich.' (Wie um Himmels Willen war er bloß an meine Telefonnummer gekommen?)

‚Kann Jesus wirklich das tun, was Sie gesagt haben?', fragte der junge Mann und seine Stimme brach dabei fast.

‚Ja, das kann er wirklich!', erwiderte ich. Und ich erklärte ihm das Evangelium. Vielleicht war das, was ich in der Sendung gesagt hatte, ja doch nicht umsonst gewesen!"

Wer hätte das gedacht?!

Nach ein paar Jahren lernte Steve in unserer Gemeinde eine junge Christin namens Desiree kennen. Auch sie hatte den Wunsch, mit Leuten zu arbeiten, die HIV-positiv oder bereits an AIDS erkrankt waren. Die beiden verliebten sich ineinander und irgendwann sprachen sie davon zu heiraten.

Das brachte Steve in eine heikle Situation.

„Jeder Partner, den ich in den vergangenen Jahren gehabt hatte, war inzwischen tot, zumindest aber HIV-positiv. Überdurchschnittlich viele Menschen in meinem Berufszweig waren an AIDS erkrankt. Wenn diese Geschichte mit Desiree zu irgendetwas führen sollte, dann musste ich noch einmal einen AIDS-Test machen.

Die zwei Wochen Wartezeit auf das Testergebnis waren eine echte Tortur für mich. Endlich war es dann so weit. Ich fuhr zu der Beratungsstelle, um das Testergebnis zu erfragen. Das Urteil lautete – *negativ!* Ich war Gott so dankbar dafür, dass ich mich in all den Jahren nicht angesteckt hatte! Als ich die Beratungsstelle verließ, weinte ich vor Freude."

Steve und Desiree heirateten am 3. Juni 1989. Desiree wusste alles, was es über Steve zu wissen gab – und ließ sich dadurch keinen Augenblick lang abschrecken. Sie gab eine gute, erfolgreiche Stellung in der Verkaufsabteilung eines Unternehmens auf und studierte noch einmal Gesundheitswesen. Schon bald richteten die beiden zusammen einen neuen Arbeitszweig in der Gemeinde ein, eine Selbsthilfegruppe für Menschen, die HIV-positiv sind oder AIDS haben. Viele Betroffene fanden den Weg zu Jesus und lernten, dass ein Leben für Jesus mehr bedeutet, als mit zusammengebissenen Zähnen auf den eigenen Händen zu sitzen. Es bedeutet, im Glauben und mit Freude nach dem Plan Gottes voranzugehen, der unendlich viel besser ist als alle Pläne, die wir Menschen machen.

Diese Gruppe zu leiten, bedeutete natürlich auch, mit Verlusten konfrontiert zu sein und fertig werden zu müssen. In einem Jahr beispielsweise starben 15 Mitglieder dieser Gruppe an AIDS.

Vor kurzem zogen Steve und Desiree aus New York weg. Sie leben jetzt ein paar Autostunden entfernt, sodass Steve eine Stelle als Dozent an einem College an der Ostküste annehmen konnte. Sie haben zwei reizende kleine Töchter, ein weiteres Zeichen der wunderbaren Liebe Gottes. Gott hält auf ganz besondere Weise seine Hände über dieses Ehepaar und seine Kinder.

Ich habe keinerlei Zweifel daran, dass Steve durch die Macht Gottes verändert worden ist. Er hat mir einmal erzählt, dass er bei einem Kongress für nationale Rundfunkanstalten, an dem er mit einem Info-Stand über seine Arbeit teilnahm, von einem Pastor angesprochen wurde. Der Mann informierte sich über Steves Arbeit und stellte dann eine andere Variante derselben Frage, die auch mir schon so häufig gestellt wurde: „Und Sie wollen mir also weismachen, dass Sie von Homosexualität befreit sind?"

„Ja, und dafür danke ich Gott", erwiderte Steve lächelnd. „Er hat wirklich Unglaubliches in meinem Leben getan."

Der Mann sah Steve direkt an und ließ dann die Bombe platzen: *„Das glaube ich nicht!"*

Und mit diesen Worten machte er auf dem Absatz kehrt und ließ den sprachlosen Steve einfach stehen.

Ich bin froh, dass ich in dem Augenblick nicht dort war; sonst wäre vielleicht ein Teil von „Brooklyn", der immer noch in mir steckt, zum Ausbruch gekommen. Eine bessere Antwort auf diesen bedauernswerten Mann wäre wahrscheinlich das gewesen, was der Apostel Paulus an die Gemeinde in Rom geschrieben hat. „Es stimmt zwar, dass einige dieses Vertrauen enttäuscht haben. Aber kann das Gottes Treue aufheben? Auf keinen Fall! Vielmehr wird sich am Ende herausstellen, daß Gott zuverlässig ist, die Menschen aber samt und sonders versagt haben. So steht es in den Heiligen Schriften: ‚Es wird sich erweisen,

Herr, daß deine Worte zuverlässig sind; du wirst recht behalten, wenn dich jemand zur Rechenschaft ziehen will'" (Röm 3,3–4).

> So schlimm und tief in uns vergraben das Geheimnis auch ist, so oft Sie einem bestimmten Fehlverhalten auch nachgegeben haben, Gott kann Ihr Leben verändern.

Gottes Gnade geht weiter und tiefer, als wir es uns jemals vorstellen können. Steves Leben ist ein Beweis dafür, dass nur Gott uns geben kann, was wir wirklich brauchen: ein reines Herz und einen beständigen, willigen Geist. So schlimm und tief in uns vergraben unser Geheimnis auch ist, so oft wir einem bestimmten Fehlverhalten auch nachgegeben haben, Gott kann unser Leben von Grund auf verändern. Das muss allerdings sein Heiliger Geist in uns bewirken und nicht unsere erbärmlichen Bemühungen, „es nächstes Mal besser zu machen". Gott will nicht mehr von uns, als dass wir unser ganzes inneres Chaos zu ihm bringen, damit er die geistliche Veränderung in Gang setzen kann, die wir nötig haben.

Versuchen Sie nicht, aus eigener Kraft stark zu sein, denn das genaue Gegenteil ist nötig. Gott wird immer von der Schwäche angezogen: „Die Opfer, die Gott gefallen, sind ein geängsteter Geist", und: „Ein geängstetes, zerschlagenes Herz wirst du, Gott, nicht verachten" (Ps 51,17). Dieser Vers stammt aus demselben Psalm, mit dem das Kapitel auch angefangen hat, und wenn Sie mit David zusammen dieses ungewöhnliche Gebet sprechen wollen, dann werden Sie erleben, dass Gottes tieferes Wirken in Ihnen Wirklichkeit werden kann.

Kapitel 12

Hinzufügen durch Wegnehmen

Wenn man schönen Silberschmuck kaufen will, geht man gewöhnlich in ein ansprechendes Geschäft mit ästhetischer Beleuchtung und gut gekleidetem Verkaufspersonal, das dann verschiedene Stücke aus den Glasvitrinen holt und präsentiert. Die Umgebung ist sauber und elegant.

Wenn wir das Metall jedoch zu seinem Ursprung zurückverfolgen, stoßen wir auf das genaue Gegenteil. In einer Silbermine ist es dunkel, schmutzig und gefährlich. Männer, die vom großen Glück träumten, haben ihr Leben in den Silberminen von Amerika, Mexiko und an anderen Orten gelassen.

Und wenn das Erz zu Tage gefördert worden ist, fängt die eigentliche Arbeit erst an. Das Zertrümmern des Erzes und das Einschmelzen steht noch bevor. Silber schmilzt bei 660,5 Grad Celsius; erst dann lösen sich auch die Verunreinigungen heraus. Sowohl König Salomo als auch der Prophet Jesaja haben an diesen Vorgang gedacht, als sie über den Läuterungsprozess Gottes sprachen, durch den er unsere Herzen und unser Leben reinigt.

„Entferne die Schlacke aus dem Silber,
   dann kann der Künstler ein erlesenes Gefäß daraus machen.
Entferne üble Berater aus der Nähe des Königs,
   dann wird er gerecht regieren,
   und seine Herrschaft wird Bestand haben" (Spr 25,4–5).

„Jetzt wende ich (Gott) mich gegen euch und greife ein! Alle Schlacke unter euch werde ich ausschmelzen, damit ihr reines Silber werdet" (Jes 1,25).

Während wir alle Schmuck von bester Qualität möchten, sind wir uns oft nicht der Notwendigkeit eines ähnlichen Prozesses für unser Herz bewusst. Es wird von Jahr zu Jahr schwieriger, über solche Themen zu reden, weil unsere Gemeinden durch die Gesellschaft konditioniert worden sind. „Fühl dich gut" und „Sieh es doch positiv", das sind die gängigen Slogans. Uns sträuben sich in der Regel die Haare bei dem Gedanken, dass Gott größere Veränderungen in unserem Leben wollen könnte. Wir mögen es gern, wenn Gott Dinge sagt wie: „Ich werde dich nicht verlassen noch versäumen ... ich werde segnen deinen Eingang und deinen Ausgang" und so weiter. Ja, Gott hat all das gesagt – aber die geistliche Realität ist eben doch ein wenig vielschichtiger.

> „Fühl dich gut" und „Sieh es doch positiv",
> das sind die gängigen Slogans. Uns sträuben sich in der
> Regel die Haare bei dem Gedanken, dass Gott größere
> Veränderungen in unserem Leben wollen könnte.

Gott behandelt uns wie verantwortungsvolle Eltern ihr Kind. Manchmal loben sie es und klopfen ihm auf die Schulter; aber dann wieder tun sie, was der Apostel Paulus dem jungen Geistlichen Timotheus aufträgt: „Rede ihnen ins Gewissen, weise sie zurecht und ermutige sie! Werde nicht müde, ihnen den rechten Weg zu zeigen" (2 Tim 4,2). Manche Aspekte des Verses gefallen uns, von anderen sind wir weniger begeistert; wir mögen das „ermutigen" und die Geduld, aber die Sache mit dem „Ins-Gewissen-Reden" und „Zurechtweisen" gefällt uns eher nicht.

Man ist heute der Meinung, dass Pastoren nur dann ihren Job gut machen, wenn sie stets ein freundliches Wort für die Menschen haben. In wie vielen Predigten oder Seelsorgegesprächen kommen noch Zurechtweisung oder „ins Gewissen reden" vor? Es gibt viel zu viele Gemeinden, in denen die Geistlichen austauschbar sind, die nur dann beliebt bleiben (und ihre Stelle behalten), wenn sie das reden und predigen, was die Leute hören wollen.

Weniger ist mehr

Wenn man aber einen Blick in die Bibel wirft, wird man feststellen, dass Gott anders ist als der Leiter in der amerikanischen Gemeindekultur. Gott weiß, wie absolut notwendig es ist, die Schlacke vom Silber zu scheiden, es zu erhitzen bis zu dem Punkt, an dem er sagen kann, dass er „alle Schlacke ausgeschmolzen" hat (Jes 1,25). Er nimmt weg, um hinzuzufügen. Das ist zwar zugegebenermaßen eine merkwürdige Mathematik, aber im geistlichen Bereich ist es Realität. In der Mathematik Gottes bekommt man manchmal mehr, indem man weniger hat.

In meinem ersten Buch habe ich erwähnt, dass in der *Brooklyn Tabernacle*-Gemeinde sehr viel Durcheinander herrschte, als meine Frau und ich 1972 dorthin kamen. Es kamen nicht einmal 20 Leute in die Gottesdienste. Innerhalb von ein, zwei Monaten war mir klar, dass einige der großen Probleme in dieser winzigen Gruppe selbst lagen. Ein paar Mitglieder taten während der Gottesdienste, was ihnen gerade einfiel. Es war weder biblisch noch auferbauend. Außerdem gab es Spannungen zwischen verschiedenen Rassen und mit Leuten, die Leitungspositionen für sich beanspruchten.

Ich war sehr jung und auch ausgesprochen ängstlich und nervös, mich dem zu stellen. Ich nehme an, dass mein Vorgänger das Gefühl gehabt hatte, es sei das Beste, gar nichts zu tun; jede Korrektur hätte womöglich Menschen vertrieben und dann wäre der Gottesdienstbesuch (und damit auch die Kollekte) noch mehr in den Keller gegangen. Mir war jedoch zutiefst klar, dass es so nicht weitergehen konnte, weil es einfach nicht funktionierte. Ich hatte lange genug Basketball gespielt, um zu wissen, dass man manchmal jemanden aus der Mannschaft werfen muss, um wieder richtig gut zu werden und zu gewinnen. Es kann sein, dass ein Problemspieler den Rhythmus aller anderen kaputt macht. Er mag zwar überdurchschnittlich talentiert sein, aber in der Kabine und auf dem Spielfeld hat er einen negativen Einfluss und zerstört das Zusammenspiel des Teams. Wenn er sich nicht ändert, muss er gehen. Zahlreiche Profi-Teams haben so etwas bereits erlebt. Ein Spieler *weniger* führt manchmal zu einem besseren Team.

Ich fing an zu beten: „Herr, bitte lass sich diese Leute ändern oder sorge dafür, dass sie gehen." Gott half mir, das Wegnehmen zu akzeptieren, damit er mit dem Hinzufügen beginnen konnte. Und genau das geschah auch.

Wenn Silber mit Schlacke verunreinigt ist, dann hilft es nichts, mehr Erz von dem großen Haufen hinzuzufügen. Der Silberschmied wird daraus nichts Schönes machen können, egal, wie groß der Haufen ist und wie viel Mühe er sich gibt. Es muss zunächst etwas entfernt werden. So lange die Verunreinigungen bleiben, wird das Silber weder glänzend noch glatt.

In vielen Bereichen sind wir bereit, diese Wahrheit zu akzeptieren, aber im geistlichen Bereich wehren wir uns dagegen. Stellen Sie sich jemanden vor, der 40 oder gar 50 Kilo Übergewicht hat, zum Arzt geht und sagt: „Wenn ich morgens aufwache, bin ich völlig benommen. Bitte, geben Sie mir ein paar Pillen, die mich wacher machen."

Der Arzt würde doch sagen: „Alle Pillen der Welt können Ihnen nicht Ihre Energie zurückgeben. Sie müssen erst einmal 40 bis 50 Kilo abnehmen – für den Anfang."

„Was soll ich? Hey, ich bin zu Ihnen gekommen, damit es mir besser geht. Ich kann doch nicht meinen gesamten Lebensstil ändern! Geben Sie mir einfach etwas, das hilft."

Diese Person *wird* gesünder werden – aber nicht durch Hinzufügen, sondern durch Wegnehmen.

Stellen Sie sich einen anderen Patienten vor, der eine bösartige Geschwulst hat und um Aspirin bittet, damit er nicht mehr so starke Schmerzen hat. Das wird nicht funktionieren. Die Geschwulst muss wegoperiert werden. Wenn der Patient protestiert: „Also, ich bin doch nicht gekommen, um einen Teil meines Körpers zu verlieren!", würde der Arzt antworten: „Nun, Sie *müssen* diesen Teil Ihres Körpers loswerden. Er ist von Krebs befallen, er muss weg."

„Sie meinen, Sie kümmern sich um mich und sagen, Sie wären mein Freund, und dann wollen Sie mich mit einem Messer schneiden?"

„Genau! Wenn ich das nicht tue, werden Sie sterben."

Die harte Wahrheit sagen

Viele Leute sind schnell mit einem Halleluja bei der Hand und feiern oft und schnell die Segnungen Gottes. Andere haben ein gesundes intellektuelles Verständnis von der biblischen Lehre. Das ist alles schön und gut – aber wir können leicht der Tatsache aus dem Weg gehen, dass alles Lärmen und Wissen der Welt uns nirgends hinführt, wenn es in unserem Leben Schlacken gibt, die noch nicht entfernt sind. Alles Reden der Welt wird kein Leben hervorbringen, das Gott gefällt, ohne den ganz persönlichen fortwährenden Läuterungsprozess unseres Herzens durch den Herrn.

Manche Leute leben über ihre Verhältnisse und haben Schulden. Andere haben einen viel zu vollen Terminkalender. Die einzige Möglichkeit, gesund zu werden, besteht darin, die Verschuldung bzw. den Termindruck abzubauen. Was auch immer unseren Weg mit Gott blockiert, wird zum Ziel seines Läuterungsprozesses.

Viele Leute denken, dass wir glücklicher werden, je mehr wir tun und je mehr wir erreichen. Irrtum! Das ist der Grund, weshalb so viele Menschen nicht persönlich erleben, wie sich Gottes Ziele in ihrem Leben verwirklichen. Sie können zwar den Bibelvers über den Frieden, der unsere Vernunft übersteigt, zitieren, aber sie erleben kaum, was das bedeutet.

Weil Gott Sie liebt, ist er direkt zu Ihnen. Er sagt Ihnen die Wahrheit. Er ist absolut direkt, wenn es darum geht, die Dinge aufzudecken, die den Fluss seiner Gnade und seines Segens in Ihrem Leben hindern. Er wird nie einen Friedensvertrag mit unseren geheimen Sünden schließen. „Das muss weg", wird er beharrlich sagen. „Wenn du wirklich leben willst, kannst du damit nicht weitermachen. Ich kann kein wunderbares silbernes Gefäß formen, solange immer noch Schlacken vorhanden sind."

Als Jesu öffentliches Wirken begann, war nach Aussage des Johannes-Evangeliums eine der ersten Stellen, an der Jesus Halt machte, der verunreinigte Tempel (Kapitel 2). Brachte Jesus neue Farbe und neue Möbel, um den Tempel zusätzlich auszuschmücken? Nein, er warf Dinge hinaus, die nicht dorthin gehörten, und er warf auch die Kaufleute hinaus, die dort Profit machten. Er erwies sich an dem Tag als harter Läuterer, weil er den Zweck des Tempels als „ein Haus des Gebets für alle Völker" zutiefst liebte, und er wollte, dass der Tempel wieder ausschließlich diesem Zweck diente.

Wenn wir für ihn leben und in irgendeiner Form einen Dienst für ihn tun, sollten wir innehalten und fragen: „Gibt es hier Haltungen oder Einstellungen, die Gottes Wesen widersprechen? Gibt es Angewohnheiten, die man ablegen sollte? Welches sind die Unreinheiten, die weg müssen? Wie steht es mit dem Wunsch, gesehen zu werden, mit Konkurrenzdenken, mit dem Wunsch nach Anerkennung und Bestätigung? Wie sieht es mit Vorurteilen aus oder mit dem Richten und Beurteilen anderer? Wir sollten völlig offen sein, wenn wir Gott einladen, uns von Grund auf zu prüfen, und bereit sein, ihn alles wegnehmen zu lassen, was er für nötig hält.

> Weil Gott Sie liebt, wird er immer direkt zu Ihnen sein. Er sagt Ihnen die Wahrheit.

Als ich eines Samstagsabends eine Gebetszeit hielt, um mich auf den Gottesdienst des nächsten Tages vorzubereiten, und ich Gott gerade ganz neu mein Leben hingab und versuchte, noch mehr in seine Nähe zu kommen, kamen mir urplötzlich die Namen von drei Leuten in den Sinn. Keiner von ihnen lebte in meiner unmittelbaren Nähe, sondern sie wohnten über das ganze Land verstreut. In allen drei Fällen war meine Beziehung zu ihnen nicht so, wie sie eigentlich hätte sein sollen. Rein oberflächlich gesehen, schien alles in Ordnung; mit allen dreien redete ich noch. Aber vor dem Gott, der ja Liebe ist, waren die Beziehungen nicht in Ordnung. Ich hatte zwar nicht das Gefühl, dass ich den betreffenden Leuten gegenüber gesündigt hatte, aber trotzdem ...

„Jim", schien Gott zu sagen, „du weißt, dass zwischen dir und jeder dieser Personen eine Mauer ist. Etwas ist nicht in Ordnung. Melde dich bei ihnen! Bring die Sache in Ordnung."

Sofort verteidigte ich mich: „Aber schließlich bin ja nicht ich die Ursache für diese Probleme. Ich habe ehrlich den Eindruck, dass sie die falsche Einstellung haben und nicht ich."

Aber Gott gab nicht nach: „Ruf sie an und bitte um Vergebung dafür, wenn du sie verletzt hast, ob es nun bewusst war oder nicht."

Im Laufe der folgenden Woche erledigte ich die drei Anrufe. Diese Übung in Demut tat mir gut, und ich begriff ganz neu, wie Gott mit meinem Leben umgeht. Es erwies sich als großer Segen, als ich Gott diese Schlacke an die Oberfläche bringen ließ und sie schließlich los wurde. Sofort danach lernte, betete und predigte ich mit ganz neuem Eifer und neuer Begeisterung.

Unbequem, aber notwendig

Hören Sie sich die schneidende Wahrheit von Maleachi über Jesus Christus an:

„Doch wer wird den Tag überleben, an dem der Herr kommt? Wer kann vor dem Herrn bestehen, wenn er erscheint? Er ist wie das Feuer im Schmelzofen und wie die Lauge im Waschtrog. Er macht es wie einer, der Silber erhitzt, um Verunreinigungen auszuschmelzen. Er reinigt die Nachkommen von Levi, wie Gold oder Silber durchs Feuer gereinigt wird, damit sie seinen Opferdienst recht versehen. Dann werden die Opfer, die in Juda und Jerusalem dargebracht werden, dem Herrn Freude machen wie einst in alten Zeiten" (Mal 3,2–3).

Gehört zu Ihrer Theologie auch der Jesus, der auf einem Hocker sitzt, mit einem Kessel flüssigen Metalls vor sich, unter dem das Feuer immer heißer wird? Sehen Sie vor sich, wie er mit einer flachen Kelle von Zeit zu Zeit die Verunreinigungen abschöpft, die beim Sieden nach oben gekommen sind? Ist unser Glaube tief genug, dass wir uns dem Feuer des Läuterers überlassen?

Wird es uns während dieses Prozesses gut gehen? Natürlich nicht! Ist er angenehm? Ganz bestimmt nicht. Aber es ist die Methode unseres Erlösers, den Müll aus unserem Leben herauszubekommen. Und seine Freude und sein Friede werden sofort spürbar sein –und zwar viel tiefer in uns, als wir es je zuvor erlebt haben.

Wenn Sie Kinder haben, wissen Sie vielleicht, wie es ist, wenn Ihre Kinder zu viele Süßigkeiten, Chips und Pommes essen und Sie irgendwann beschließen, etwas dagegen zu unternehmen. Oder vielleicht ist Ihr Kind in der Schule schlechten Einflüssen ausgesetzt. Wenn Sie etwas dagegen unternehmen, machen Sie sich dadurch in aller Regel nicht gerade beliebt – aber Sie tun, was Sie können, um diese schlechten Einflüsse aus dem Leben Ihres Kindes zu entfernen. Sie tun es nicht, um Ihr Kind zu ärgern, sondern weil Sie es lieben.

In der Bibel heißt es: „Denn wenn der Herr jemand liebt, dann erzieht er ihn mit Strenge, genauso wie ein Vater seinen Sohn" (Spr 3,12): Gott will viel mehr für uns als das, was wir gerade im Augenblick fühlen. Er lässt in seiner Liebe Druck zu und Prüfungen und lässt uns hin und wieder auch richtig auf die Nase fallen, damit unser Fehlverhalten deutlich wird. Wir erkennen dann selbst unseren Mangel an Glauben und Vertrauen, unseren Mangel an Liebe – und genau das ist auch seine Absicht.

Gott bringt uns bewusst in Situationen, die außerhalb unserer Kontrolle liegen. Er lässt zu, dass wir Probleme mit unseren Kindern haben und wir die Frage nach dem Warum stellen. Er läutert uns. Er lehrt uns, ihm zu vertrauen. Er zieht uns weg von unserer eigenen Stärke und hin zu seiner. Er weiß genau, wie viel Hitze er unserem Leben zumuten kann. Er wird uns niemals verbrennen lassen, aber wenn wir aus dem Kessel springen, weil es zu heiß ist, dann wartet er eben ein Weilchen ab. Die Schlacke *muss* entfernt werden.

Wissen Sie, wie man im Altertum feststellte, wann der Prozess der Läuterung beendet war und die Hitze endlich entfernt werden konnte? Wenn man in den Kessel schaute und *sich in dem Silber spiegelte*. Solange das Spiegelbild undeutlich und nicht ganz klar war, wusste man, dass man noch weiter arbeiten musste. Sah man das eigene Gesicht schließlich klar, war das Silber rein.

Und genau so ist es auch mit unserem geistlichen Läuterungsprozess. Gottes ewiger Plan mit uns ist: „[...] seinem Sohn gleich zu werden. Nach dessen Bild sollen sie alle gestaltet werden" (Röm 8,29). Jesus Christus wirkt auch heute noch als Läuterer und Reiniger seines Volkes. Während er sorgfältig an unserem Leben arbeitet, schaut er immer wieder in uns hinein, um sein eigenes Spiegelbild dort zu sehen.

Sollten wir nicht lieber Jesus vertrauen und uns auf diesen Prozess einlassen, statt gegen ihn anzukämpfen? Denken Sie daran, dass es sich dabei um einen Prozess der Liebe handelt, durch den Schönheit und Wachstum und Entfaltung in unser Leben kommen. Das ist Gottes Art, uns zu heiligen. Und wir dürfen nicht vergessen, dass wir mehr Glück in unserem Leben erleben, je geheiligter es ist. Es sind die geistlichen Unreinheiten, die uns das Beste rauben, was Gott uns gibt.

Kämpfen Sie nicht gegen den Prozess an

Wir sollten uns der Tatsache stellen, dass Gott uns niemals so lassen wird, wie wir heute sind. Das ist der Grund für den Läuterungsprozess in unserem Leben. Wir sind alle „noch in Arbeit". (Manchmal, wenn ich sehe, wie viel Arbeit an meinem Leben noch nötig ist, spüre ich den Drang, den Menschen in meinem Umfeld zu empfehlen, wegen möglicherweise herabfallender Trümmer Helme zu tragen.)

> Gott wird uns niemals so lassen, wie wir heute sind. Das ist der Grund für den Läuterungsprozess in unserem Leben.

Wir leben unser Leben und verlieren dabei einige negative Eigenheiten. Gott hört nicht auf hinzuzufügen, indem er wegnimmt. Gemeinschaft mit ihm ist unser größtes Bedürfnis – aber es gibt so schrecklich viele Hindernisse, nicht wahr? Manche Menschen wissen mehr über Verbesserungen im Haushalt als über Gottes Prozess geistlicher Verbesserung in ihrem Leben. Sie haben mehr Ahnung von Fußballmannschaften und -helden als von dem, was die Propheten im Namen Gottes gelehrt haben. Diese Gewichte machen uns langsam und bremsen uns auf unserem Glaubensweg. Wir stolpern über die Verheißungen Gottes, weil unsere Herzen mit so vielen hinderlichen Angewohnheiten und unnötigen Dingen verstopft sind.

Wenn sich jemand hartnäckig gegen Gottes Läuterungsprozess wehrt, dann kann es richtig unangenehm werden. Wenn man sich an der Schlacke und den Unreinheiten festhält, als seien sie ein Schatz, dann sieht die Zukunft düster aus, denn es findet eine Art geistliche Selbstzerstörung statt.

Auch wir haben in der *Brooklyn Tabernacle*-Gemeinde in einigen Bereichen Schiffbruch erlitten. Vor vielen Jahren verlor ich einen meiner engsten Mitarbeiter, der zu viel Zeit mit einer verheirateten Frau verbrachte, die gerade zum Glauben gekommen war. Seine Frau spürte irgendwann, dass etwas nicht stimmte, aber er begründete sein Verhalten clever als geistlich notwendig und warf ihr vor, dass sie ihn überschnell verurteile, also sprach sie mit niemandem über ihren Verdacht.

Die Gemeinde war damals noch sehr viel kleiner und der besagte Mitarbeiter war in der Gemeinde bekannt und beliebt. Bei einer Mitarbeiterbesprechung bat ich ihn eines Tages, die Gebetsgemeinschaft zu leiten. Eine Weile stammelte er vor sich hin und brach dann emotional völlig zusammen. Irgendetwas war da los –irgendein tief greifender seelischer Konflikt. Ich bedaure bis heute, dass ich damals die Sache nicht besser durchschaute. Ich stellte ihn als Bruder und als Freund nicht zur Rede.

Innerhalb von ein paar Monaten wurde diese geistliche Infektion schlimmer. Und dann bekam ich irgendwann aus heiterem Himmel einen Anruf – und das auch noch, während ich im Urlaub war –, dass ich ganz schnell nach Brooklyn zurückkommen müsse. Mein Mitarbeiter war mit seiner Freundin spurlos verschwunden. Die Frau hatte ihre beiden Kinder und ihren Mann verlassen und unser Mitarbeiter hatte außerdem 10 000 Dollar vom Gemeindekonto abgehoben. Sie hatten eine Nachricht für mich zurückgelassen, in der es hieß: „Gott versteht, was wir tun."

Was für eine Tragödie! Und wie sehr uns die Sünde doch täuschen kann!

Weil der besagte Freund Mitarbeiter in der Gemeinde gewesen und dadurch auch bekannt war, sah ich mich mit der kaum beneidenswerten Aufgabe konfrontiert, der Gemeinde am darauf folgenden Sonntag die Neuigkeit so gut und so schonend wie möglich beizubringen. Ich verlor, während ich sprach, die Fassung, und ich erinnere mich noch gut an die hörbaren Seufzer aus der Gemeinde.

Ich habe häufig daran denken müssen, wie oft Gott wohl meinen Freund angesprochen hat. Wie oft muss er vom Heiligen Geist gewarnt worden sein! Wie viele Nächte er wohl wach im Bett gelegen hat, um sich dagegen zu wehren, wenn er das Gefühl hatte, dass ihm sein Fehlverhalten vor Augen geführt wurde. Wir wissen alle, wie hartnäckig der Heilige Geist ist, wenn er versucht, uns vor der Katastrophe zu bewahren.

Gott, ich bitte dich, unser Herz und unser Leben zu reinigen. Schmelze du die Schlacke; entferne die Unreinheiten – und zwar alle, seien es Worte, Taten oder Gedanken. Rette uns vor uns selbst und gründe uns durch deine starke rechte Hand in Gerechtigkeit. Wir bitten dich demütig und verlassen uns auf dich, im Namen Jesu. Amen.

Kapitel 13

Die Atmosphäre des Glaubens

Der Kampf im Leben eines Christen besteht nicht darin, nur zu glauben, sondern auch *dabei zu bleiben.* Auf diese Weise werden wir stark im Glauben und können die konkrete Erfüllung der Verheißungen Gottes in unserem Leben sehen.

Im Laufe des vorliegenden Buches haben wir immer gesehen, dass das Wichtigste der Glaube ist, weil er von zentraler Bedeutung ist, wenn wir nach dem Willen Gottes leben wollen. Der Verfasser des Hebräer-Briefes fasst das in einem bekannten Abschnitt zusammen:

„Werft nur jetzt eure Zuversicht nicht weg, die doch so reich belohnt werden soll! Ihr braucht Kraft zum Durchhalten, damit ihr weiterhin tut, was Gott von euch will, und so auch bekommt, was er versprochen hat. Es heißt ja in den Heiligen Schriften:

‚Noch eine kurze, ganz kurze Zeit, dann kommt der, den Gott angekündigt hat. Er wird sich nicht verspäten. Wer mir im Glauben vertraut und das Rechte tut, wird durch sein Vertrauen am Leben bleiben. Wer aber mutlos aufgibt, mit dem will ich nichts zu tun haben.'

Wir gehören doch nicht zu den Menschen, die den Mut verlieren und deshalb zugrunde gehen! Vielmehr gehören wir zu denen, die Gott im Glauben vertrauen und das Leben gewinnen" (Hebr 10,35–39).

Anders ausgedrückt: Der Verfasser warnt davor, wie die Israeliten zu sein, die eine Zeit lang Gott vertrauten und dann vom Glauben abfielen. Nicht die Sünde des Götzendienstes oder ihre Unmoral oder Gier und Neid verhinderten, dass sie das Gelobte Land betraten, sondern das schreckliche Vergehen des Unglaubens. Obwohl Gott das Land den Männern und Frauen versprochen hatte, die aus Ägypten herausgeführt worden waren, setzten sie wegen ihres chronisch mangelnden Glaubens nie einen Fuß in dieses Land.

> Glaube ist wie die Hand, die nach oben greift, um das entgegenzunehmen, was Gott großzügig verheißen hat. Wenn der Teufel es schafft, diese Hand zurückzuziehen, kann er das als einen Erfolg für sich verbuchen.

Für uns ist Unglaube heute oftmals nicht mehr als eine allgemeine Schwäche. Wir sagen beispielsweise: „Weißt du, zurzeit fällt es Frau Schmidt ziemlich schwer zu glauben, dass Gott ihr helfen wird." Aber vor Gott ist eine solche Haltung keine Bagatelle. Er nennt es „Zurückweichen" und sagt ganz deutlich, dass es ihm nicht gefällt. Ja, es ist sehr viel verhängnisvoller für uns, nicht an seine Verheißungen zu glauben und uns auf sie zu berufen, als die Sinnessünden, von denen so häufig geredet wird.

Die Bibel bezeichnet ein solches Verhalten als ein „widerspenstiges, ungehorsames Herz, das sich vom lebendigen Gott abwendet" (Hebr 3,12). Das sind ernsthafte, erschreckende Worte!

Jetzt wird deutlich, warum es das große Ziel des Teufels ist, *unseren Glauben zu demontieren*. Er weiß ganz genau, dass die Gerechten aus dem Glauben leben, also macht er es sich zum Ziel, unsere Lebensverbindung zu Gott zu kappen. Glaube ist wie die Hand, die nach oben greift, um entgegenzunehmen, was Gott großzügig verheißen hat. Wenn der Teufel es schafft, diese Hand zurückzuziehen, kann er das als einen Erfolg für sich verbuchen. Alles, was Gott für uns bereithält, bleibt dann, wo es ist, nämlich im Himmel.

Denken Sie daran, dass Glaube nicht nur bedeutet, bestimmten biblischen Wahrheiten innerlich zuzustimmen. Nach Meinung vieler Menschen bedeutet Glaube, dass Gott etwas sagt und ich es in Gedanken als wahr und richtig bestätige. Aber das ist falsch. Sogar der Teufel kann gedanklich bestimmten biblischen Wahrheiten zustimmen, und dennoch bleibt er der Teufel – unser Gegner. Wirklicher Glaube ist erst dann vorhanden, wenn unser Herz näher zu Gott kommt und wir seine Verheißungen tief in uns annehmen. Dort wird sein Wort durch seine eigene göttliche Macht übernatürlich wirken.

In dem Augenblick, in dem dieser „Herzensglaube" zu erkalten beginnt, verlieren wir unsere Fähigkeit, von Gott zu empfangen. Die chronische Krankheit, die uns befällt, ist kein Mangel an Werken oder

Anstrengung; sondern sie ist ein Mangel an echtem Glauben. Sehr häufig behandeln wir das Symptom statt die Ursache.

Wir sollten uns immer wieder bewusst machen, dass wir an einem Glaubenslauf teilnehmen. Wer unterwegs aussteigt, hat aufgehört, dem unsichtbaren Gott zu vertrauen. Keiner möchte einen Rückzieher machen oder Schiffbruch erleiden, wie wir in den vorhergehenden Kapiteln erfahren haben. Wir sehnen uns danach, nicht nur das letztgültige Versprechen der Erlösung im Himmel eingelöst zu bekommen, sondern auch die zahllosen anderen Verheißungen, die er uns für unterwegs gegeben hat. Unser Leben soll dem Wesen Gottes nicht widersprechen.

Der Glaube folgt den Verheißungen

Wenn wir zu diesem Lauf starten, sollten wir einen wichtigen Grundsatz nie vergessen: Weil Gott dem Glauben eine besondere Bedeutung beimisst, *fließt seine Gnade durch die Leitungen seiner Verheißungen – nicht der Gebote*. Mit anderen Worten: Wir werden nicht durch die Einhaltung der Gebote errettet, sondern durch die Gnade Gottes. Seine Gebote machen deutlich, dass er heilig ist, und offenbaren unsere Sündhaftigkeit, aber das ist auch alles. Sie haben an sich und in sich selbst nicht die Fähigkeit, uns zum Gehorsam fähig zu machen – und das wiederum führt zu einem Dilemma. Auf der ganzen Welt haben vermutlich viele Christen in diesem Augenblick mit der Erkenntnis zu kämpfen, dass sie zwar das Gute wollen und sich auch vornehmen, es zu tun – aber zu schwach sind, es in die Tat umzusetzen. Es ist nicht so, dass wir nicht *wissen*, was richtig ist, oder dass wir nicht den *Wunsch* hätten, das Richtige zu tun. Unser Problem besteht darin, der geistlichen Stärke zu gehorchen, und diese Kraft können uns die Gebote Gottes nicht geben. Durch die „Du sollst …"- bzw. „Du sollst nicht …"-Regeln werden wir keine Hilfe von Gott bekommen. Diese Aufgabe erfüllen seine großzügigen Verheißungen.

Die Heiligen aller Zeiten haben sich auf dem Sterbebett nicht in erster Linie an die Gebote Gottes geklammert und an das damit verbundene Gericht, das allen bevorsteht, sondern sie waren voller Dankbarkeit für die Verheißungen und Offenbarungen im Zusammenhang mit der Erlösung durch Jesus Christus:

„Vor dem Gericht Gottes gibt es also keine Verurteilung mehr für die, die mit Jesus Christus verbunden sind [...]. Deshalb sandte Gott seinen Sohn in der leiblichen Gestalt von uns selbstsüchtigen, der Sünde verfallenen Menschen und ließ ihn sterben als Opfer für die Sündenschuld. So machte er der Sünde den Prozess eben dort, wo sie ihre Macht entfaltet hatte; in der menschlichen Natur" (Röm 8,1.3).

„Wenn wir aber unsere Verfehlungen eingestehen, können wir damit rechnen, daß Gott treu und gerecht ist: Er wird uns dann unsere Verfehlungen vergeben und uns von aller Schuld reinigen, die wir auf uns geladen haben" (1 Joh 1,9).

„Wenn dagegen ein Mensch vor Gott keine Leistungen vorzuweisen hat, aber er vertraut auf den, der die Gottlosen annimmt, dann wird ihm sein Glaube als Gerechtigkeit angerechnet" (Röm 4,5).

Das sind die segensreichen Verheißungen Gottes, die für uns seine übernatürliche Gnade freisetzen, wenn wir ihnen vertrauen.

Auch der Apostel Petrus ist mehr als einmal gescheitert, als er sich auf seine eigene Kraft und Stärke verlassen hat, obwohl er die Gebote von Jesus Christus so gut kannte. Er teilt uns das Geheimnis mit, dass „wir durch ihn (Gott) wertvolle, unübertreffliche *Zusagen* erhalten: Wir sollen der Vernichtung entrinnen, der diese Welt durch ihre Leidenschaften verfallen ist, und an der göttlichen Unsterblichkeit teilhaben" (2 Petr 1,4). Diese Zusagen und Verheißungen sind es, die uns im Glauben näher zum Herzen Gottes ziehen. Das ist nämlich eigentlich das große Gebot des Neuen Bundes – zu glauben!

Kein Glaubensleben kann wirklich stark sein, wenn es nicht aus den Verheißungen des Wortes Gottes Nahrung bezieht. Wir können nicht weitermachen und ausharren, wenn wir nicht im Wort Gottes zu Hause sind und darin leben. Es hat nie einen großen Mann oder eine große Frau des Glaubens gegeben, der/die nicht auch ein Mann oder eine Frau der Bibel war. Meine Regale sind voller Biografien von Menschen wie Luther, Wesley, Spurgeon, Moody – sie haben die Bibel gelesen, haben darin gelebt, über sie meditiert und sind durch ihr Wirken im Glauben stark geworden.

Natürlich hat man keinen Erfolg, wenn man nur auf die Buchstaben sieht. Die Israeliten, die Ägypten verließen, erlebten die Erfüllung von Gottes Verheißung, dass sie das Land besitzen würden, nicht: „Denen hat diese Botschaft nichts genützt. Sie ist ihnen nicht in Fleisch und Blut übergegangen – was durch die Kraft ihres Vertrauens hätte geschehen müssen" (Hebr 4,2). Sie hörten ganz deutlich, was Gott versprochen hatte, aber ihr Herz nahm es nicht im Glauben an.

Heutzutage ist es möglich, als geachteter und geschätzter Theologe seinen Lebensunterhalt zu verdienen, ohne einen Funken Glauben zu haben. Christen können sonntags in der Kirche sitzen und jede Woche eine Predigt hören – und sie können unter der Woche zu Hause sogar eine Art Andachtskultur haben – ohne sich jedoch über den Zynismus, die Depression und den Unglauben zu erheben, von denen unsere Kultur beherrscht wird. Wir können uns in der Bibel auskennen, aber das Wort muss in unserem Herzen eine Atmosphäre vorfinden, in der die Macht Gottes freigesetzt werden kann.

Diese Art dynamischen Glaubens spricht aus den Worten des großen Führers des Volkes Israel, die er am Ende seines Lebens sagt: Er war einer der beiden Männer, die Ägypten als Erwachsene verließen und wirklich den ganzen Weg bis in das Gelobte Land *schafften*. Hören Sie Josuas letzte Anweisungen, die die Atmosphäre des Glaubens und Vertrauens deutlich machen – die Umgebung, in der Glaube blüht und gedeiht.

Der dankbare Blick zurück

Josua beginnt seine Abschiedsrede mit folgender zündender Aussage: „Ihr habt mit eigenen Augen gesehen, wie der Herr, euer Gott, die Völker dieses Landes besiegt hat; denn er war es, der für euch kämpfte" (Jos 23,3). Mit anderen Worten: „Schaut doch nur mal zurück, ihr Israeliten, und denkt an all das, was er für euch getan hat."

Wie sieht es denn bei *uns* aus, wenn wir einmal überlegen, was Gott in den vergangenen zwölf Monaten alles für *uns* getan hat? An wie vielen neuen Morgen sind Sie mit neuer Kraft für einen neuen Tag aufgewacht? Diese Kraft kommt nicht aus Ihnen selbst; sie ist ein Geschenk von Gott. Wann haben Sie Gott zum letzten Mal für Ihre geistige Frische und Aufmerksamkeit gedankt, für Ihr gutes Gedächtnis oder für die Fähigkeiten, die dafür sorgen, dass Sie Ihren Arbeitsplatz behalten? „Lauter gute Gaben, nur vollkommene Gaben kommen von oben, von dem Schöpfer" (Jak 1,17). Diese Wahrheit vergessen wir viel zu oft. Wie können wir Vertrauen in die Zukunft haben, wenn wir nicht zurückblicken und Gott für all das danken, was er uns bis jetzt gegeben hat?

Wir sind abgestumpft für all das Gute, das wir von ihm erfahren haben. Über die Hälfte der Weltbevölkerung hat noch nie im Leben telefoniert! Was wir als völlig selbstverständliche Annehmlichkeit betrachten, ist vielen Bewohnern unseres Planeten noch nicht einmal bekannt. Fehlende Dankbarkeit ist eine unserer hartnäckigsten Sünden. In den meisten Gemeinden wird Gott sonntags nicht mit Lob und Anbetung überschüttet, weil wir viel zu sehr mit unseren eigenen Problemen beschäftigt sind. Wir konzentrieren uns auf das, was wir nicht haben, statt zu tun, was in Psalm 100, Vers 4 steht: „Gehet zu seinen Toren ein mit Danken, zu seinen Vorhöfen mit Loben."

Eines Tages traf ich in der großen Vorhalle unserer Gemeinde eine Frau namens Donna, die ganz aufgeregt zu mir sagte: „Pastor Cymbala, ich habe mein erstes eigenes Zimmer – ein eigenes Zimmer! Preis dem Herrn!" Ich freute mich mit ihr über dieses einfache Geschenk, dass sie tatsächlich ein Zimmer für sich ganz allein hatte. Vielleicht finden Sie das ein bisschen übertrieben oder seltsam ... aber Sie wissen ja auch nicht, woher Donna kam. Ein paar Wochen zuvor hatte sich die Polizei vor unserer Kirche versammelt, weil eine Selbstmörderin scheinbar entschlossen war, vom Dach des benachbarten Gebäudes zu springen.

Ich ging mit den anderen Mitarbeitern der Gemeinde nach draußen und sah Donna dort oben stehen. Sie war gerade von ihrem Therapeuten gekommen, der in dem benachbarten Gebäude arbeitete, und er hatte ihr offenbar nicht die Antworten geben können, die sie gebraucht hätte. Sie war wütend und völlig verängstigt zugleich.

Ich spürte, Gott wollte, dass ich in das Gebäude ging und die Treppe hinaufrannte, dorthin, wo die Polizisten gerade versuchten, Donna zu überreden, von der Dachkante herunterzusteigen. Der Therapeut stand völlig hilflos dabei. Ich bat um die Erlaubnis, mit der Frau sprechen zu dürfen, aber die Polizisten warnten mich vor dem Versuch, sie festzuhalten, weil sie springen und mich mit in die Tiefe reißen könnte.

Innerhalb von 20 Minuten gelang es mir mit Gottes Hilfe, sie von der Dachkante in meine Arme zu befördern. Eine Mitarbeiterin der Gemeinde begleitete sie im Krankenwagen in die Klinik, wo sie routinemäßig untersucht werden musste. Später erfuhren wir dann etwas mehr über Donnas Lebensumstände. Sie hatte keine Bleibe, sondern übernachtete entweder bei einer Freundin auf dem Sofa oder bei einem Mann, der sie misshandelte. Ihr bisheriges Leben war ausgesprochen trostlos verlaufen, aber schon nach kurzer Zeit nahm sie Jesus als ihren Herrn und Erlöser an. Wir halfen ihr, eine vorübergehende Unterkunft zu finden. Als Donna dann so weit war, dass sie sich eine eigene Wohnung mieten konnte, war das ein großartiger Tag, um Gott von Herzen zu danken.

Haben Sie nicht Gott auch für mindestens ebenso viel zu danken wie Donna? Dann loben und preisen Sie ihn. Lassen Sie ihn aus tiefstem Herzen wissen, wie dankbar Sie ihm für seine Güte sind. Öffnen Sie Ihr Herz und Ihren Mund. Ob es nun ein Teil unserer Glaubenstradition ist oder nicht, die Bibel fordert uns auf, Gott gegenüber unsere innere Dankbarkeit zum Ausdruck zu bringen und ihm dabei unser Herz zu öffnen. Lassen Sie Ihre Unsicherheit und Förmlichkeit hinter sich, wachsen Sie darüber hinaus, um den Herrn zu preisen. Lassen Sie sich von niemandem einreden, das sei peinlich, lassen Sie sich nicht daran hindern.

Wie erbärmlich, dass Millionen von Christen hemmungslos und wild ihre Lieblingsfußballvereine anfeuern – aber stocksteif und stumm wie die Fische sind, wenn es darum geht, Gott zu preisen. Lesen Sie in der Bibel einmal nach, welche Lautstärke im Himmel herrscht. Wie wohl Sie sich unter Engeln fühlen werden: „Dann sah und hörte ich Tausende und Abertausende von Engeln, eine unübersehbare Zahl […] und riefen mit *lauter* Stimme: ‚Würdig ist das geopferte Lamm'" (Offb 5,11–12). Haben Sie auch ein solches anbetendes, dankbares Herz, das sich dem anschließen möchte, was Johannes schreibt: „Dann hörte ich das Rufen einer großen Menge. Es klang wie die Brandung des Meeres und wie lautes Donnerrollen. Sie riefen: ‚Halleluja – Preist den Herrn! Der Herr hat nun die Herrschaft angetreten […]'" (Offb 19,6). Möge Gott uns helfen, ihn noch mehr zu preisen!

Denken Sie an die vielen Gelegenheiten, in denen wir in irgendeiner Klemme gesteckt und verzweifelt gebetet haben: „Herr, wenn du mir nur dies eine Mal hilfst, werde ich dir ewig dienen und dir danken und dich ehren." Wenn das Ihre Geschichte ist, dann vergessen Sie nicht, was Gott getan hat, sondern: „Durch Jesus wollen wir Gott jederzeit und in jeder Lebenslage Dankopfer darbringen; das heißt: Wir wollen uns mit unserem Beten und Singen zu ihm bekennen und ihn preisen" (Hebr 13,15).

Erwartungsvoll nach vorn blicken

Als Nächstes richtet Josua seine Aufmerksamkeit auf die Zukunft. Man könnte vielleicht meinen, dass er sich gegen Ende seines Lebens gemütlich zurückgelehnt und sich mit dem zufrieden gegeben hätte, was er erreicht hatte. Die ersten 21 Kapitel seines Buches berichten darüber, wie er die Israeliten bei der Eroberung großer Teile Kanaans anführt. Stadt um Stadt ist bereits durch sein Heer gefallen.

Aber Josua ist noch nicht zufrieden. Er verkündet mutig: „Der Herr, euer Gott, wird sie vor euch aus dem Land treiben, und ihr werdet ihr Land in Besitz nehmen, wie er es euch versprochen hat" (Jos 23,5). Auch noch im hohen Alter beruft sich Josua auf die Verheißungen Gottes und erklärt mutig, dass „der Herr *selbst*" die Eroberungen vollbringen wird.

Wenn wir ehrlich sind, hat jeder von uns Dinge in seinem Leben vorzuweisen, die nicht so sind, wie Gott sie haben möchte. Es gibt viel „Land", das es noch einzunehmen gilt. Gott möchte uns Jesus ähnlicher machen. Er möchte Dinge ausreißen, die uns daran hindern, Jesus ähnlicher zu werden. Er möchte uns zum Segen und zur Ermutigung anderer einsetzen, und zwar auf eine Weise, wie wir es noch nie erlebt haben und wie wir es uns niemals hätten träumen lassen. Er möchte uns die Ängste und Komplexe nehmen, die uns lahm legen. Er möchte unsere Gemeinden beleben und segnen.

Und er wird all das selbst tun, wenn wir in dieser gesegneten Atmosphäre des Glaubens leben.

Unter den vielen Definitionen von Glauben ist vielleicht keine so wichtig wie die im Hebräer-Brief, Kapitel 11, Vers 1: „Glauben heißt

Vertrauen, und im Vertrauen bezeugt sich die Wirklichkeit dessen, worauf wir hoffen. Das, was wir jetzt noch nicht sehen."

Achten Sie darauf, dass Glaube im Hinblick auf zwei besondere Ziele wirkt:

- künftige Dinge („das, worauf wir hoffen"),
- unsichtbare Dinge („was wir nicht sehen").

Beim Glauben geht es nicht um das Jetzt. Es geht dabei nicht um Dinge, die Sie jetzt sofort mit der Kamera festhalten könnten. Es geht dabei vielmehr um zukünftige Dinge, die Gott versprochen hat – und der Glaube ist sich dieser Dinge sicher. Glaube bewirkt die Überzeugung, dass diese Dinge geschehen werden, auch wenn wissenschaftliche Methoden oder unsere Sinne diese Gewissheit im Augenblick noch nicht bestätigen können.

> Glaube bewirkt die Überzeugung, dass Dinge geschehen werden, auch wenn wissenschaftliche Methoden oder unsere Sinne diese Gewissheit im Augenblick noch nicht bestätigen können.

Glaube ist die Fähigkeit des menschlichen Geistes, sich zu öffnen und Eindrücke von Gott zu empfangen, die ihren Ursprung in seinem Wort haben und durch den Heiligen Geist lebendig gemacht wurden. Das führt zu einer übernatürlichen Überzeugung von bestimmten Tatsachen, die außerhalb unserer Sinneswahrnehmung liegen. Andrew Murray hat das vor über 100 Jahren folgendermaßen ausgedrückt: „Genauso wie wir durch unsere Sinne mit dem physischen Universum in Verbindung stehen und kommunizieren, so ist unser Glaube das geistliche Sinnesorgan, durch das unsere Seele mit der geistlichen Welt in Verbindung tritt und davon beeinflusst wird."[1] Anders ausgedrückt: Genauso wie unsere Sinne des Sehens oder Hörens in Ruhestellung sind, solange sie nicht Reize in Form von Licht oder Tönen empfangen, so ruht auch unsere Fähigkeit zu glauben so lange, wie wir uns nicht öffnen, um Eindrücke vom ewigen, unsichtbaren Gott zu empfangen.

Dann *wissen* wir ganz einfach, dass etwas geschehen muss, denn Gottes Wort ist empfangen worden und hat das geistliche Sinnesorgan aktiviert, das als Glaube bezeichnet wird. Und jetzt setzen wir unser Leben darauf. Wenn jemand sagt: „Beweise es", dann können wir das nicht – aber wir wissen trotzdem, dass es eintreffen wird.

Genau so etwas erlebte Mose vor Tausenden von Jahren. „In solchem Vertrauen verließ Mose Ägypten und fürchtete sich nicht vor dem Zorn des Königs. *Er hatte den unsichtbaren Gott vor Augen, als ob er ihn wirklich sehen würde*, und das gab ihm Mut und Ausdauer" (Hebr 11,27).

Wie sieht man das Unsichtbare? Nicht mit den Augen in unserem Kopf, sondern mit den viel stärkeren Augen des Glaubens.

Die Sinne – Tasten, Schmecken, Riechen, Sehen und Hören – haben mit gegenwärtigen und sichtbaren Dingen zu tun. Sie haben nichts zu tun mit geistlichen Realitäten. Aber Glaube hat in erster Linie mit diesen künftigen und unsichtbaren Dingen zu tun, die Gott uns in seinem Wort versprochen hat. Der Glaube macht sie für uns realer als die Schlagzeilen der Tageszeitung von heute. Um diese andere Art des „Sehens" geht es im Glauben, wie der Apostel Paulus im 2. Brief an die Korinther schreibt: „Ich baue nicht auf das Sichtbare, sondern auf das, was jetzt noch niemand sehen kann. Denn was wir jetzt sehen, besteht nur eine gewisse Zeit. Das Unsichtbare aber bleibt ewig bestehen" (2 Kor 4,18).

Man kann Glaube auch mit einem Radio vergleichen. Wenn man das Radio einschaltet, kommt Musik heraus. Sind denn in dem kleinen Kasten Trompeten oder Gitarren? Natürlich nicht. Und trotzdem sendet es Schallwellen durch den ganzen Raum. Die Sinne des Menschen können sie nicht ausmachen, aber das Radio kann sie aufnehmen. Die Musik ist eigentlich gar nicht *in* dem Radio. Die Musik kommt *durch* das Radio von einer größeren, unsichtbaren Quelle.

Und so ist es auch mit dem Glauben. Der Glaube hat seinen Ursprung nicht in uns selbst. Er kommt von Gott, wenn wir sein lebendiges Wort mit dem Herzen aufnehmen. Dann wird diese Art übernatürliche „Musik" in uns lebendig, weil wir glauben. Ein Mensch der von Glauben erfüllt ist, hat eine völlig andere Sicht der Dinge, als jemand, der nur mit Hilfe der physischen Sinne lebt.

Damals in der schwierigsten Zeit der *Brooklyn Tabernacle*-Gemeinde, als Carol und ich gerade in die kleine Gemeinde gekommen waren, wir ums Überleben der Gemeinde kämpfen mussten und ungefähr 40 Gottesdienstbesucher hatten, war unsere Tochter Chrissy etwa zwei Jahre alt. Eines Tages entdeckten wir beim Frühstück eine Verdickung unter ihrem Augenlid. Am folgenden Tag schien sie größer geworden zu sein, aber obwohl der Knoten ständig größer wurde, sprachen wir nicht darüber.

„Was glaubst du, was das ist?", fragte Carol mich eines Tages und ich konnte hören, dass sie sich große Sorgen machte.

„Ich weiß es nicht."

„Vielleicht sollten wir mit ihr lieber zum Arzt gehen", sagte sie. Das Problem war nur, dass wir nicht krankenversichert waren.

Diese Nacht verbrachte ich damit, über das Problem zu beten, und je länger ich betete, desto bedrohlicher schien es. Hatte die Kleine einen Tumor, durch den sie vielleicht sogar das Augenlicht verlieren konnte? Ich sagte in meinen Gebeten vermutlich die richtigen Worte, aber ich wusste, dass ich in meinem tiefsten Inneren nicht wirklich glaubte, dass Gott etwas tun würde. Dort war nur Sorge.

Wir kratzten das nötige Geld zusammen und gingen mit ihr zum Arzt. Er bestätigte: „Ja, das ist eine Wucherung – (er nannte einen medizinischen Begriff) –, die da eigentlich nichts zu suchen hat. Nichts Lebensbedrohliches, aber sie muss entfernt werden."

Der Gedanke, dass man bei meiner Kleinen nur Millimeter vom Auge entfernt mit einem Skalpell hantieren würde, erschreckte mich. Außerdem machte ich mir Gedanken darüber, wie wir einen solchen Eingriff bezahlen sollten.

> Ich stand da im Halbdunkel, hielt mein Kind in den Armen, starrte auf den Knoten unter ihrem Auge und war erfüllt von Angst und Zweifeln.
> Ich brauchte echten, lebendigen Glauben.

An diesem Abend ging ich noch einmal in Chrissys Zimmer, nachdem sie eingeschlafen war. Ich nahm sie hoch und hielt sie im Arm. Ich betete still: „Oh Herr, bitte heile meine Tochter."

Und wieder konnte ich trotz der Worte, die ich betete, nichts sehen als den immer größer werdenden Knoten. Ich wusste, was Gott in der Bibel über Heilung gesagt hat – ich hatte über diese Texte gepredigt. Meine Großmutter war sogar vor langer Zeit durch eine solche dramatische Heilung zum Glauben gekommen. Aber als ich da so im Halbdunkel stand, mein Kind in den Armen hielt, auf den Knoten unter ihrem Auge starrte, war ich erfüllt von Angst und Zweifeln. Ich brauchte echten, lebendigen Glauben und keinen theoretischen.

Am folgenden Sonntag sangen wir nach dem Gottesdienst noch Anbetungslieder und hatten gemeinsamen Lobpreis, den ich leitete. Carol spielte Orgel. Plötzlich war mein Herz von einer Art göttlichem Licht erfüllt, das mit aller Macht eine ganz neue Sicht von Gott in meine Seele legte.

Ich war überwältigt von der Ehrfurcht gebietenden Größe Gottes, im Vergleich zu der alles auf der Erde winzig erscheint. Und dann plötzlich – Gott ist mein Zeuge, dass ich diese Geschichte nicht aufbausche – *sah ich, wie vorn in der Kirche für meine Tochter gebetet wurde. Und ich sah, wie sie geheilt wurde.* Es war weder emotional noch spektakulär; es war ein realistisches, klares Bild vor den Augen meines Herzens. Gott hatte in mir etwas zum Leben gebracht.

Ich hatte Herzklopfen vor Freude, als ich ans Mikrofon ging. „Wer hütet meine Tochter gerade?", fragte ich. (Damals war die Gemeinde noch viel zu klein, als dass es eine Krabbelgruppe oder sonstige Kinderbetreuung gegeben hätte.)

Ein Mädchen im Teenageralter stand ganz hinten auf.

„Bring sie schnell hier nach vorn", sagte ich. Wir sammelten uns um sie, und während wir sie mit Öl salbten, beteten wir gemeinsam zu Gott und baten ihn, sie zu heilen.

Innerhalb von 48 Stunden war der Knoten vollständig verschwunden, und zwar ohne Operation, ohne Arzt oder sonstige medizinische Eingriffe. Der Gott, der sich danach sehnt, Großes für seine Leute zu tun, ermutigte uns einmal mehr zu glauben.

Was würde wohl in Ihrer Gemeinde oder in meiner passieren, wenn die Menschen zu jeder Versammlung, zu jedem Gottesdienst mit mehr Glauben kämen – mit einem erwartungsvollen Geist, mit dem festen Glauben, dass Gott jetzt und hier etwas Wunderbares tun will? Das war genau diese Erwartungshaltung, mit der Jesus an vielen Orten empfangen wurde. Die Leute kämpften und drängelten, nur um ihn ein einziges Mal zu berühren, denn sie *wussten*, dass dann etwas Wunderbares passieren würde. Was wäre, wenn wir uns wirklich von Herzen sowohl auf sein Wort als auch auf seinen Geist einließen, statt uns nur nach derselben Gottesdienstordnung zu richten wie schon seit 20 Jahren? Irgendetwas in mir sagt mir, dass dann alles anders würde.

Leider erlebe ich aus erster Hand, dass viele der Christen, die am stärksten auf die Bibel pochen und am heftigsten die wörtliche Eingebung der Bibel verteidigen, oft am ungläubigsten und zynischsten sind, wenn es auch nur um die Möglichkeit geht, dass Gott in ihrer Gemeinde etwas Neues tun könnte. Sie scheinen so wild entschlossen, die Traditionen zu bewahren, dass jegliche Spontaneität als „Schwärmerei" abgetan oder gar gebrandmarkt wird. Ich frage mich, wenn Jesus heute derselbe ist wie vor 2 000 Jahren, warum sollten wir dann nicht glauben, dass er unter uns und durch uns Großartiges tun kann, damit wir das Leben von Menschen genau so machtvoll anrühren können wie die Apostel im ersten Jahrhundert? Petrus war kein perfekter Heiliger, das wurde durch die Verleugnung Jesu ganz deutlich; viele Gemeinden von heute würden einen solchen Versager niemals auf die Kanzel lassen. Aber Gott erwählte ihn am Pfingsttag und bevollmächtigte ihn – und Gott kann dasselbe mit uns tun, wenn wir mit kindlichem Glauben im Herzen zu ihm aufblicken.

> Viele der Christen, die am stärksten auf die Bibel pochen und am heftigsten die wörtliche Eingebung der Bibel verteidigen, sind oft am ungläubigsten und zynischsten, wenn es darum geht, dass Gott etwas ganz Neues in ihrer Gemeinde tun könnte.

Vor über 25 Jahren hielt David Wilkerson eine berühmte Predigt, die den Titel trug: „Gott benutzt nur Versager".

Das stimmt natürlich – denn womit sollte er auch sonst arbeiten? Wenn wir es jedoch wagen, ihm zu glauben, können wir wertvolle Werkzeuge in seiner Hand werden.

Nach innen schauen – aber vorsichtig

Als Nächstes fordert Josua das Volk auf, sich über das Maß ihres Gehorsams klar zu werden: „Laßt euch künftig durch nichts davon abbringen, was im Gesetzbuch Moses aufgeschrieben ist. Richtet euch genau danach und weicht nicht vom geraden Weg ab. Haltet euch getrennt von den fremden Völkern, die noch neben euch im Land leben. Sprecht die Namen ihrer Götter nicht aus, schwört nicht bei ihnen. Haltet dem Herrn, eurem Gott, die Treue, so wie ihr es bisher getan habt" (Jos 23,6–8).

Dass sie sich von gottlosen Dingen fern halten sollten, wurde gefordert, damit die Hebräer ihre Kampfkraft nicht verloren. Sich auf sündige Dinge einzulassen – selbst wenn es nur fragwürdige Praktiken sind –, zehrt an unseren Kräften und schwächt uns für die Angriffe des Widersachers. Wenn wir uns mit Menschen unterhalten oder umgeben, die nicht gut für uns sind, oder uns mit schädlichen Themen beschäftigen, dann untergraben wir dadurch unsere geistliche Lebenskraft. Dann hat der Feind uns unbemerkt „den Schild des Glaubens" abgenommen, den wir brauchen, um uns zu schützen, wenn „der schlimme Tag kommt" (Eph 8,13.16).

Josua wusste nur zu gut, was damals in Ai passiert war (vgl. Jos 7). Nach dem Sieg in Jericho führte der Ungehorsam eines Soldaten namens Achan dazu, dass das gesamte israelische Heer in Ai eine unerwartete und demütigende Niederlage erlitt – und zwar nicht, weil Gott keine Macht mehr hatte, sondern weil etwas das Volk von der heiligen Gemeinschaft getrennt hatte. Josua musste alles anhalten und die Sünde ausmerzen, bevor die militärischen Aktionen fortgesetzt werden konnten.

Der Apostel Johannes schrieb: „Liebt nicht die Welt und das, was zu ihr gehört! Wer die Welt liebt, in dessen Herz gibt es keine Liebe zum Vater. Die Welt ist erfüllt von der Gier der Triebe und Sinne, von der Gier der Augen, vom Prahlen mit Geld und Macht. Das alles kommt nicht vom Vater, sondern gehört der Welt" (1 Joh 2,15–16). Liebe zur Welt und die intensive Beschäftigung mit ihren Wertesystemen ruinieren das Glaubensleben jedes Menschen.

Aber Innenschau ist in aller Regel ein zweischneidiges Schwert. Wenn wir über längere Zeit nur uns selbst und unser Innenleben betrachten, besteht die Gefahr, dass wir mürrisch und geistlich depressiv werden. Es gibt besondere Zeiten, in denen man sich auf das konzentrieren sollte, was im eigenen Inneren abläuft – zum Beispiel bevor man das Abendmahl empfängt (vgl. 1 Kor 11,28–32) und in anderen Augenblicken, in denen uns Gott Fehlverhalten vor Augen führen will. Wenn wir uns aber von diesem Prozess völlig vereinnahmen lassen, dann kann der Teufel leicht die Oberhand gewinnen als unser Verkläger, der dafür sorgt, dass wir uns nur noch mit *unserem* Scheitern und Versagen befassen statt mit der Vergebung und der Macht Jesu.

Ich finde es interessant, dass es „feierliche Versammlungen" – Gelegenheiten, zu denen sich die Führer im Alten Testament ganze Tage zurückzogen, um Fehlverhalten zu bekennen, Buße zu tun und zu weinen – im Neuen Testament nicht gibt. Ja, die Apostel glaubten daran, dass sie mit Gott ins Reine kamen, indem sie sich mit der Sünde auseinander setzten – aber sie wühlten nicht über lange Zeit hinweg darin herum und sezierten jede Kleinigkeit in ihrem Leben auf mögliche Verfehlungen. Stattdessen riefen sie die Leute dazu auf, ihr Herz vor Gott zu reinigen, und setzten dann im Glauben und in der Fülle des Heiligen Geistes ihren Weg fort. Schließlich hatte Jesus den Missionsauftrag als Aufgabe für die Gemeinde hinterlassen. Wie konnten sie diese Aufgabe jemals bewältigen, wenn die Nachfolger Jesu ständig nur nach innen auf ihre eigenen Fehler und Unzulänglichkeiten schauten?

Von uns selbst weg auf Jesus schauen

Die letzte Anweisung Josuas ist sehr schlicht: „Auch in Zukunft hängt euer Leben davon ab, daß ihr allein den Herrn, euren Gott, liebt" (Jos 23,11). Unser Blick sollte immer auf ihn gerichtet sein, weil er der eine ist, der alles erschafft. Nur wenn wir „aufsehen zu Jesus, dem Anfänger und Vollender unseres Glaubens" (Hebr 12,2; Luther), leben wir wirklich im Glauben.

Das Ziel des Widersachers ist es, dass wir uns auf die Probleme konzentrieren und nicht auf den, der für uns sorgt. Er richtet unsere Aufmerksamkeit ständig auf die vermeintlichen Umstände statt auf das, was Gott zu tun versprochen hat. Wenn wir unsere Zeit mit Gott vernachlässigen, stehlen die Sorgen um (materielle) Dinge unsere Aufmerksamkeit und beherrschen uns, während gleichzeitig die geistlichen Sinne absterben und die Verheißungen verblassen.

> Der Hauptgrund, warum Christen in der heutigen Zeit das Beten vernachlässigen, besteht darin, dass sie die Verbindung nicht erkennen, die zwischen Gebet und den Verheißungen Gottes besteht.

Ich bin absolut davon überzeugt, dass der Hauptgrund, warum Christen in der heutigen Zeit das Beten vernachlässigen, darin besteht, dass sie die Verbindung nicht erkennen, die zwischen Gebet und den Verheißungen Gottes besteht. Wir versuchen als Einzelne und als Gemeinden zu beten, „weil wir beten sollen", ohne wirklich das zu glauben, was Gott über das Gebet gesagt hat. Mit einem „Ich-müsste-eigentlich-Ansatz" kann kein sinnvolles Gebetsleben aufrecht erhalten werden, das wirklich etwas verändert. Das, was zählt, ist der Glaube daran, dass Gott alles möglich ist.

Immer wieder bekomme ich Anrufe und Briefe von gebetshungrigen Christen aus dem ganzen Land, in denen es sinngemäß heißt: „Pastor Cymbala, ich bin so frustriert – ich bin jetzt schon in 16 Gemeinden hier in der Gegend gewesen, und ich kann keine finden, in der es Gebetsversammlungen gibt!" Offensichtlich wissen Pastoren und Leiter theoretisch, was die Bibel über das Gebet sagt, aber sie *erkennen* nicht wirklich, welche Macht im Gebet steckt. Sonst würden sie ihre Gemeinden ja im Gebet anleiten, statt nur darüber zu predigen.

Wenn wir wirklich an Gott glauben, dann haben wir auch die Gewissheit, dass er antwortet, wenn wir rufen … dass wir empfangen, wenn wir bitten, dass die Tür geöffnet wird, wenn wir anklopfen … und schon bald stellen wir fest, dass wir viel Zeit in seiner Gegenwart verbringen. Wir beten zu ihm wegen unserer Kinder, die sich von ihm abgewandt haben, bitten um mehr Gespür für den Heiligen Geist in den Gottesdiensten unserer Gemeinde, um die Geistesgaben und dass seine Kraft freigesetzt wird, oder um die Finanzen, die wir für unsere Arbeit brauchen.

Aber diese Aufzählung ist mehr als eine Liste von Bitten an Gott. Glaube wird besonders dann gefördert und genährt, wenn wir in der Gegenwart Gottes einfach abwarten, uns Zeit nehmen, ihn zu lieben und auf seine Stimme zu hören. Die Kraft, weiter zu glauben, fließt oft dann einfach in uns hinein, wenn wir Gott anbeten. Die Verheißungen der Bibel werden wunderbar lebendig, wenn der Heilige Geist sie an unserem Herzen anwendet.

Wenn Menschen in mein Büro kommen, die bis zum Hals in Problemen stecken und nicht wissen wohin sie sich wenden sollen, dann sage ich manchmal: „Tun Sie Folgendes: Setzen Sie sich zu der Gebetsgruppe oben in den speziell für sie eingerichteten Raum und beten Sie diesen Freitag von Mitternacht bis zwei Uhr morgens mit."

Oft reagieren sie geschockt. „Aber, Pastor Cymbala – ich bin so mutlos, dass ich kaum glauben kann, dass morgen wieder die Sonne aufgeht. Ich könnte niemals zwei Stunden lang beten."

„Ich habe ja auch nicht gesagt, dass Sie beten sollen", erwidere ich dann, „sondern ich habe Sie nur gebeten, sich zwei Stunden dazuzusetzen. Die Gebetsgruppe wird für Sie beten. Und Gott wird an Ihrem Herzen wirken, während Sie in seiner Gegenwart sind und warten."

Wie oft haben mir diese Menschen später gesagt, dass Gott sein Wort und seine Verheißungen für sie lebendig machte und ihren Geist neu belebte und aufrichtete, so dass sie wieder glauben konnten, während sie einfach nur in dieser Atmosphäre anwesend waren. Dank begann zu fließen. Sie fingen an, sich auch an die guten Dinge zu erinnern, die Gott in ihrem Leben getan hatte. Und es erwachte neuer Glaube, während sie dem einen dienten, der wirklich alles verändern kann.

Gott wartet auf Sie

Welche Schwierigkeit gibt es derzeit in Ihrem Leben, mit der Sie nicht fertig werden? Ich frage mich, was Gott in Ihrem Leben, in Ihrer Familie, Ihrer Arbeit, Ihrem Dienst gern erreichen würde. Warum stellen Sie und ich uns dieser Not nicht im Namen Jesu und strecken uns mit ganz neuem, frischem Glauben nach Gott aus?

Lassen Sie uns nicht länger zögern oder unsicher sein, nachdem wir all die wundervollen Geschichten und Ermutigungen gelesen haben, sondern „vor Gott hintreten mit offenem Herzen und in festem Glauben; unser Gewissen wurde ja von aller Schuld gereinigt und unser Leib mit reinem Wasser gewaschen. Wir wollen an der Hoffnung festhalten, zu der wir uns bekennen, und wollen nicht schwanken; denn Gott, der die Zusagen gegeben hat, *steht zu seinem Wort*" (Hebr 10,22–23). Und am Ende ist es das, was wirklich zählt – nicht unsere Anstrengungen und Gelübde, sondern die wunderbare Wahrheit, dass Gott ein treuer Gott ist.

Was heißt das nun konkret für uns? Werden wir einfach nur für einen Augenblick aufgerüttelt sein oder werden wir Gott und seine Verheißungen auf ganz neue und lebensverändernde Weise in Anspruch nehmen? Schließlich ist nicht äußerliches Geschehen das, was die Tragödien im Leben von Menschen ausmacht, sondern es sind die verpassten Chancen; zu erleben, wie Gott ihnen geholfen hätte, aber nicht konnte, und das allein wegen ihres Unglaubens. Das ist die eigentliche Tragödie.

Gott ist morgen derselbe wie heute. Seine Liebe zu uns bleibt dieselbe. Seine Macht, uns das zu geben, was wir brauchen, ist unverändert vorhanden. Genau in diesem Augenblick streckt er uns seine Hand entgegen und sagt: „Warum gebt ihr euer Geld aus für Brot, das nichts taugt, und euren sauer verdienten Lohn für Nahrung, die nicht satt macht?" (Jes 55,2). Lassen Sie uns doch die vergebliche Suche nach Antworten aufgeben, in denen Gott keine Rolle spielt. Lassen Sie uns lieber mit Hoffnung im Herzen aufstehen und uns daran erinnern, dass dieses machtvolle „Wort des Glaubens" nicht weit weg oder kompliziert ist, sondern: „Das Wort, das von Gott kommt, ist euch ganz nah; es ist in eurem Mund und in eurem Herzen" (Röm 10,8). Das ist der Glaube, der uns nicht nur vor der Sünde rettet, sondern der auch den Sieg über jedes Hindernis erringen kann, das das Leben uns in den Weg stellt. „So steht es ja in den Heiligen Schriften: ‚Wer ihm glaubt und auf ihn vertraut, der wird nicht zugrunde gehen'" (Röm 10,11).

Josua muss an diese Treue Gottes gedacht haben, als er damals die Rede mit einem großen Crescendo abschloss: „Ihr seht, meine Zeit ist abgelaufen. Macht euch klar und nehmt es zu Herzen: Der Herr, euer Gott, hat alle seine Zusagen erfüllt; nichts ist ausgeblieben von all dem Guten, das er euch versprochen hatte; alles ist eingetroffen" (Jos 23,14).

Auch wir können den Lauf unseres Leben mit einer ebenso machtvollen Erklärung beschließen, wenn wir nur dem Gott glauben und vertrauen, dessen Verheißungen für immer wahr sind.

Anmerkungen

[1] Andrew Murray, *The Holiest of All* (1894; Grand Rapids, Revell, 1993), S. 441–442.

Epilog

33 Schätze

Viel wertvoller als alles, was ich zum Thema „Glauben" schreiben oder predigen könnte, sind die direkten Aussagen und Verheißungen aus dem Wort Gottes. Im Folgenden finden Sie einige Bibelpassagen, die mich im Laufe der Jahre immer wieder zum Glauben inspiriert haben und auch Grundlage so mancher Predigt waren.

Lassen Sie die Bibelstellen beim Lesen auf Ihr Denken und Ihren Geist einwirken. Schlagen Sie Ihre Bibel auf und lesen Sie die Stellen auch im Kontext. Lesen Sie sie immer wieder, wenn Sie Ihren eigenen Glauben stärken wollen.

„Der Glaube kommt also aus dem Hören der Botschaft; die Botschaft aber gründet in dem Auftrag, den Jesus gegeben hat" (Röm 10,17).

„Es zählt nur der vertrauende Glaube, der sich in tätiger Liebe auswirkt" (Gal 5,6).

„Denn alle, die Gott zum Vater haben, siegen über die Welt. Der Sieg über die Welt ist schon errungen – unser Glaube ist dieser Sieg" (1 Joh 5,4).

„Da fragten sie ihn: ‚Was müssen wir denn tun, um Gottes Willen zu erfüllen?' Jesus antwortete: ‚Gott verlangt nur eins von euch: Ihr sollt den anerkennen, den er gesandt hat'" (Joh 6,28–29).

„Mit dem Herrn rechnen ist besser, als sich auf Menschen verlassen" (Ps 118,8).

„Glauben heißt Vertrauen, und im Vertrauen bezeugt sich die Wirklichkeit dessen, worauf wir hoffen. Das, was wir jetzt noch nicht sehen: Im Vertrauen beweist es sich selbst" (Hebr 11,1–2).

„Es ist aber unmöglich, daß Gott an jemand Gefallen hat, der ihm nicht vertraut. Wer zu Gott kommen will, muß ja fest damit rechnen, daß es ihn gibt und daß er die Menschen belohnt, die ihn suchen" (Hebr 11,6).

„Die Apostel sagten: ‚Stärke doch unser Vertrauen zu Gott'" (Lk 17,5).

„Ihr dürft darin nicht nachlassen! Nehmt euch ein Beispiel an denen, die Vertrauen und Ausdauer bewahrt und darum empfangen haben, was Gott versprochen hat" (Hebr 6,12).

„Wenn aber jemand von euch nicht weiß, was er in einem bestimmten Fall tun muß, soll er Gott um Weisheit bitten, und Gott wird sie ihm geben. Denn er gibt sie allen gerne und hält niemand seine Unwissenheit vor. Er muß Gott aber in festem Vertrauen bitten, und darf nicht zweifeln. Wer zweifelt, gleicht den Meereswogen, die vom Wind gepeitscht und hin und her getrieben werden" (Jak 1,5–6).

„Verlaß dich auf den Herrn und tu, was recht ist;
dann bleibst du im Land und wohnst in Sicherheit […].
Überlaß dem Herrn die Führung für dein Leben;
vertrau doch auf ihn, er macht es richtig! […]
Werde ruhig vor dem Herrn und warte gelassen auf sein Tun!
Wenn Menschen, die Böses im Schilde führen,
auch noch ständig Erfolg haben,
reg dich nicht auf!" (Ps 37,3.5.7).

„Wirf deine Last ab, übergib sie dem Herrn,
er selber wird sich um dich kümmern.
Niemals läßt er die im Stich, die ihm die Treue halten" (Ps 55,22).

„Ihr, die ihr zu seinem Volk gehört,
setzt allezeit euer Vertrauen auf ihn,
schüttet euer Herz bei ihm aus;
denn Gott ist unsere Zuflucht" (Ps 62,8).

„Jetzt aber sagt der Herr, der dich ins Leben gerufen hat, Volk Israel, du Nachkommenschaft Jakobs: ‚Fürchte dich nicht, ich habe dich befreit! Ich habe dich bei deinem Namen gerufen, du gehörst mir. Mußt du durchs Wasser gehen, so bin ich bei dir; auch in reißenden Strömen wirst du nicht ertrinken. Mußt du durchs Feuer gehen, so bleibst du unversehrt; keine Flamme wird dir etwas anhaben können'" (Jes 43,1–2).

„Denn ich bin der Herr, dein Gott, ich fasse dich bei der Hand und sage zu dir: Fürchte dich nicht! Ich selbst, ich helfe dir!" (Jes 41,13).

„Verlaß dich nicht auf deinen Verstand, sondern setze dein Vertrauen ungeteilt auf den Herrn" (Spr 3,5).

„Wer unter euch fragt nach dem Herrn, wer hört auf seinen Bevollmächtigten? Er darf wissen: Auch wenn sein Weg durchs Dunkel führt und er nirgends ein Licht sieht – auf den Herrn kann er sich verlassen, sein Gott hält und führt ihn" (Jes 50,10).

„Meine Augen blicken immer zum Herrn;
er wird meine Füße aus dem Fangnetz ziehen" (Ps 25,5).

„Aber allen, die ihn aufnahmen und ihm Glauben schenkten, verlieh er das Recht, Gottes Kinder zu werden" (Joh 1,12).

„Wer durstig ist, soll zu mir kommen und trinken – jeder, der mir vertraut! Denn in den Heiligen Schriften heißt es: ‚Aus seinem Innern wird lebendiges Wasser strömen'" (Joh 7,38).

„In keinem Punkt hat er einen Unterschied gemacht zwischen ihnen und uns. Sie sind rein, weil er sie durch den Glauben im Herzen rein gemacht hat" (Apg 15,9).

„Wie war es denn bei unserem leiblichen Ahnvater Abraham? Wird von ihm nicht gesagt, daß er ‚Gnade gefunden' hat? Wenn er, wie man sagt, aufgrund seiner Gehorsamsleistungen als gerecht anerkannt wurde, hat er Grund, sich zu rühmen – aber nicht vor Gott! Wie heißt es denn in den Heiligen Schriften? ‚Abraham vertraute Gott und glaubte seiner Zusage, und dies rechnete Gott ihm als Gerechtigkeit an.'
Nun, einem Arbeiter, der Leistungen erbracht hat, wird sein Lohn nicht als etwas Unverdientes angerechnet, sondern als etwas, worauf er Anspruch hat. Wenn dagegen ein Mensch vor Gott keine Leistungen vorzuweisen hat, aber er vertraut auf den, der die Gottlosen annimmt, dann wird ihm sein Glaube als Gerechtigkeit angerechnet" (Röm 4,1–5).

„Obwohl nichts mehr zu hoffen war, hielt er an der Hoffnung fest und vertraute darauf, daß Gott ihn zum Vater vieler Völker machen werde. Denn Gott hatte zu ihm gesagt: ‚Deine Nachkommen werden so zahlreich sein wie die Sterne'" (Röm 4,18).

„Denn seit Christus ist das Gesetz nicht mehr der Weg zum Heil. Vielmehr gilt jetzt: Alle die im Glauben auf Christus vertrauen, werden vor dem Gericht Gottes als gerecht anerkannt werden" (Röm 10,4).

„Sie wurden ausgebrochen, weil sie nicht glaubten. Und ihr gehört nur dazu, weil ihr glaubt – und wenn ihr im Glauben beharrt. Seid also nicht überheblich, sondern bedenkt, mit wem ihr es zu tun habt!" (Röm 11,20).

„Euer Glaube sollte nicht auf Menschenverstand gründen, sondern auf die Kraft Gottes" (1 Kor 2,5).

„In den Heiligen Schriften heißt es: ‚Seht her, ich lege auf den Zionsberg einen Stein, einen ausgesuchten, wertvollen Grundstein. Wer sich auf ihn verläßt, wird nicht zugrunde gehen'" (1 Petr 2,6).

„Denn ich betrachte mich nicht als Richter über euren Glauben. Meine Aufgabe ist es doch, zu eurer Freude beizutragen! Im Glauben steht ihr ja fest" (2 Kor 1,24).

„Haltet das Vertrauen auf Gott als den Schild vor euch, mit dem ihr alle Brandpfeile Satans abfangen könnt" (Eph 6,16).

„Darum wollen wir vor Gott hintreten mit offenem Herzen und in festem Glauben; unser Gewissen wurde ja von aller Schuld gereinigt und unser Leib in reinem Wasser gewaschen" (Hebr 10,22).

„‚Wer mir im Glauben vertraut und das Rechte tut, wird durch sein Vertrauen am Leben bleiben. Wer aber mutlos aufgibt, mit dem will ich nichts zu tun haben.' Wir gehören doch nicht zu den Menschen, die den Mut verlieren und deshalb zugrunde gehen! Vielmehr gehören wir zu denen, die Gott im Glauben vertrauen und das Leben gewinnen" (Hebr 10,38–39).

„Als er ins Haus ging, folgten sie ihm, und er fragte sie: ‚Traut ihr mir zu, daß ich euch helfen kann?' ‚Ja, Herr!' antworteten sie" (Mt 9,28).

„Da rief der Vater: ‚Ich vertraue ihm ja – und kann es doch nicht! Hilf mir vertrauen'" (Mk 9,24).